U0795879

恰是百年風華

中共北京市东城区委宣传部
北京广播电视台
编著

海豚出版社
DOLPHIN BOOKS
CICG
中国国际传播集团

图书在版编目（CIP）数据

恰是百年风华 / 中共北京市东城区委宣传部, 北京广播电视台编著. -- 北京 : 海豚出版社, 2022.10
ISBN 978-7-5110-5714-3

Ⅰ. ①恰… Ⅱ. ①中… ②北… Ⅲ. ①中国共产党－地方组织－党史－东城区 Ⅳ. ①D235.13

中国版本图书馆CIP数据核字（2021）第133136号

恰是百年风华

中共北京市东城区委宣传部　北京广播电视台 / 编著

出 版 人：王　磊

责任编辑：慕君黎　潘金月　赵　耀
封面设计：梁健平
美术编辑：李　利
责任印制：于浩杰　蔡　丽
法律顾问：殷斌律师

出　　版：海豚出版社
地　　址：北京市西城区百万庄大街24号　　邮　　编：100037
电　　话：010-68325006（销售）　010-68996147（总编室）
传　　真：010-68996147
印　　刷：涿州市荣升新创印刷有限公司
经　　销：全国新华书店及各大网络书店
开　　本：16 开（787毫米 × 1092毫米）
印　　张：15.75
字　　数：165千
版　　次：2022年10月第1版　2022年10月第1次印刷
标准书号：ISBN 978-7-5110-5714-3
定　　价：78.00 元

版权所有　　侵权必究

编委会

主　编：赵海英　艾冬云

副主编：王跃锋　王铁峰　张　庆　黄　瑨　薛洪峰

编　委：颜　匀　张志刚　曹婷婷　盖　恒　张可凡

张晓达　宋敏怡　唐　远　陶洁丽　李小兵

夏晶瑜　李　江　孙燕明　蒋　敞

北京·东城
DONGCHENG BEIJING

前言 PREFACE

2021年是中国共产党成立100周年，也是“两个一百年”奋斗目标的重要历史交汇点。6月25日，习近平总书记带领中央政治局同志来到位于东城区域内的北大红楼，参观“光辉伟业 红色序章——北大红楼与中国共产党早期北京革命活动主题展”时指出：“北大是新文化运动的中心和五四运动的策源地，最早在我国传播马克思主义思想，也是我们党在北京早期革命活动的历史见证地，在建党过程中具有重要地位。要加强红色资源保护和利用，尊重历史事实，准确评价历史，正确学史用史。”东城区作为首都功能核心区，拥有丰富的红色文化资源和光荣的革命历史，一代代共产党人在这里用实际行动，诠释着薪火相传、砥砺前行的责任与担当。

为全方位讲好东城红色故事、传承红色基因，中共东城区委宣传部与北京广播电视台新闻频道中心联合推出十集大型人文专题片《恰是百年风华》，于“七一”前夕在BTV新闻频道《这里是北京》栏目播出，集中展示北京红色历史与建设发展成果，用影像的方式致敬党的百年华诞，用感人的“东城故事”重温党的光辉历史，见证百年伟大历程。纪录片播出期间，在同类题材纪录片中收视率遥遥领先，引发广泛反响。

习近平总书记在庆祝中国共产党成立100周年大会上强调，我们要继续弘扬光荣传统、赓续红色血脉，永远把伟大建党精神继承下去、发扬光大。本书作为纪录片同名出版物，以党的百年奋斗历程谋篇布局，通过“孕育萌芽”“磨砺而出”“艰辛创业”“滚滚春潮”“世纪跨越”“扬帆起航”“文化自信”“民心所向”“绿水蓝天”“阔步前行”十个篇章，集中展现了历史和人民选择了中国共产党，党团结带领人民努力作出无愧于时代、无愧于人民、无愧于历史的丰功伟绩。本书通过生动讲述百年党史，重点着墨“五位一体”总体布局，展现新时代新担当新作为，尤其是党的十八大以来，东城区更加奋发有为地践行初心使命，努力谱写新征程上接续奋斗、砥砺前行的崭新篇章。

中共北京市东城区委宣传部

北京广播电视台

2021年7月

目录 CONTENTS

壹 孕育萌芽

贰 磨砺而出

叁 艰辛创业

陆 扬帆起航

柒 文化自信

捌 民心所向

拾 阔步前行

壹

孕育萌芽

百年风雨兼程，
百年沧桑巨变。
东城，学府人才兼容并蓄；
红楼，五四惊雷至今回响。
从这里播撒马列信仰，
在这里燃起星火燎原，
百年红色征程扬帆起航。

从 19 世纪下半叶开始，古都北京，见证了封建王朝覆灭后的山河破碎，目睹了列强侵略与军阀混战中的生灵涂炭。随着洋务运动、维新变法、辛亥革命等一系列运动爆发，近代中国

政治舞台政客轮番登场，思潮风起云涌，城头变幻大王旗，但中国依然深陷半封建半殖民地的泥潭。

T | 五四运动纪念碑

20 世纪初，具有红色基因的革命热土——东城，见证了无数仁人志士汇聚于此，百年来寻求救国复兴之路，以星火燎原之势让一轮红日在这方水土孕育初升。

国立北京大学，新思潮激荡

风雨兼程百年路，一个个深藏胡同人未识的红色遗迹，是

《东城区党史游学手绘地图》

惊心动魄的深刻印记，更是波澜壮阔的厚重篇章。在中国共产党成立 100 周年之际，东城区正式发布《东城区党史游学手绘地图》，用五条红色线路描绘出百年的薪火传承。

位于东城区沙滩后街的北大二院旧址（原北大数学系楼），举办《伟大开篇——中国共产党早期北京组织专题展》展览，用心讲述中国共产党的百年初心。

《伟大开篇——中国共产党早期北京组织专题展》展览

1898 年诞生之初，这里名为京师大学堂，它的创立作为晚清戊戌变法的“新政”之一，标志着中国近代国立高等教育的开端。辛亥革命后，作为国家最高学府的京师大学堂，于 1912 年更名为北京大学，近代启蒙思想家严复出任第一任校长。

1916 年，蔡元培带着由民国大总统签署的任命状来到这片热土，立志以校长的身份翻开北大新篇章。蔡元培推行思想自由、兼容并包的方针，他不拘一格地使用人才，不仅聘请了具

近代启蒙思想家严复

有新思想的陈独秀、胡适等人，还引进和保留了思想保守但学术上有造诣的学者。

人才的汇聚让新思想在北大这片自由的土壤中扎根，新文化在这里找到了阵地。

《新青年》编辑部，引领新文化运动

1917 年，陈独秀被聘为北大文科学长，在陈独秀的名片上，地址一列写着“东城北池子箭杆胡同 20 号”，这座充满书香的院落就是曾引领时代潮流的《新青年》编辑部的所在地。

1915 年，针对社会上掀起的一股“复古尊孔”逆流，要救中国、启发民众的政治觉悟，首先要启发民众的伦理觉悟。基

T | 《新青年》编辑部

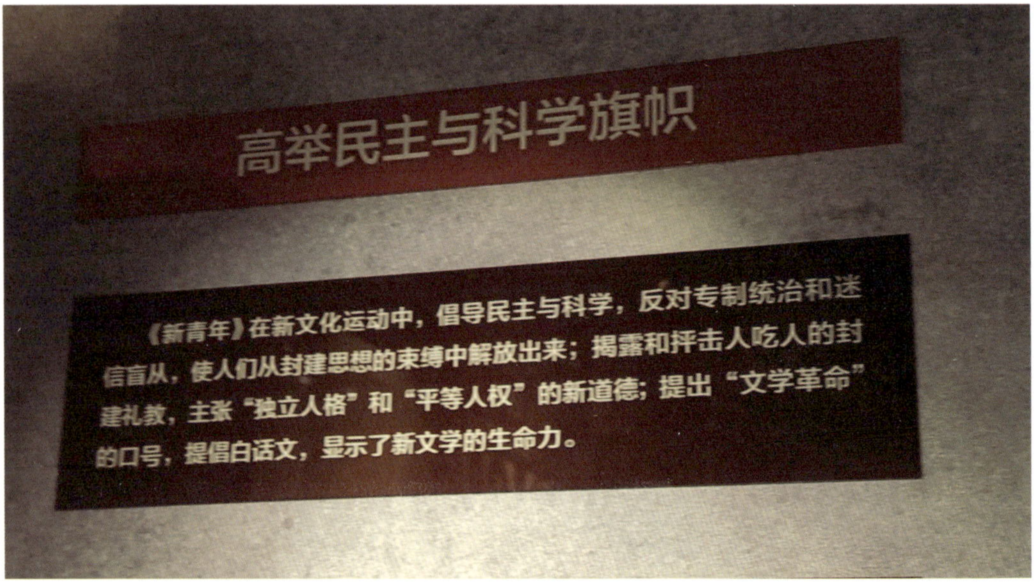

新文化运动高举民主与科学旗帜

于此，《新青年》对那些不适合现代生活的价值观进行批判，由此引发思想革命。1918 年 1 月，《新青年》改进办刊方法，陈独秀、李大钊、钱玄同、胡适、刘半农等加入编辑部，自 7 月起，轮流编辑刊物。《新青年》依托北京大学这所全国最高等学府开始成为全国性的刊物。

新文化运动树起科学与民主的大旗，推动了中国历史的进程。

《新青年》无论是学理探讨、文学革命，还是妇女解放、家庭问题，种种话题都成为唤醒民众、打破铁笼的呐喊。

读者的热烈响应也化作一封封回信寄到位于东城箭杆胡同的《新青年》编辑部。

为响应《新青年》提出的妇女解放问题，有位叫汪恸尘的青年向《新青年》投稿，发表题为《今后女子幸福问题之研究》。还有一些读者来信投稿白话诗。新文学也是思想启蒙的一个武器。

百花齐放的《新青年》号召国人奋发进取，其中一位作者尤其引人瞩目——他就是李大钊。1916 年李大钊还在日本留学的时候，就在《新青年》上发表《青春》一文唤醒青春中华，吹起新思想、新制度的冲锋号。

李大钊自上学起就开始寻求救国救民的真理，9 岁的时候手抄《重译富国策》，此为西方经济学的普及本。在北洋法政学

T | 李大钊发表《青春》一文

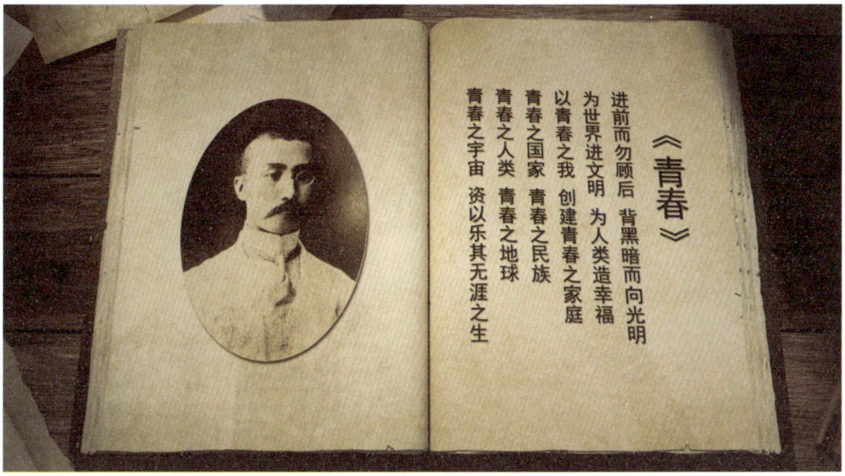

堂的时候，李大钊掌握了日语和英语。此外，他还悉心学习西方国家各种类型的法律。而后，李大钊到日本留学，接触了一些先进的思想，也聆听过马克思主义者的讲座。

李大钊成为中国最早的马克思主义传播者。

1917 年，俄国“十月革命”胜利后，李大钊备受鼓舞。1918 年 11 月，第一次世界大战结束，“公理战胜强权”几乎成了人们的口头禅，李大钊开创性地发表了三篇演讲，分别是《庶民的胜利》《布尔什维主义的胜利》《法俄革命之比较观》。李大钊发出振聋发聩的新时代的呼声，认为俄国“十月革命”是无产阶级推动革命的开端。

北大红楼，五四惊雷神州觉醒

1918 年 1 月，李大钊受聘为北京大学图书馆主任。1918 年的秋天，他随陈独秀等北大教职工一起，搬入了刚刚建成使用的新楼宇——北大红楼。这座位于今天东城区五四大街 29 号的北大红楼，是此后几代国人的精神地标。

此时的北大红楼里，一位从湖南走来的青年正在如饥似渴地吸收着新文化运动的养分，他就是风华正茂的毛泽东。六年前，毛泽东就已经与北大、与马克思主义结缘。马克思主义建立在德国古典哲学、英国古典政治经济学、英法空想社会主义以及西方三大自然科学发现基础之上，也建立在西方工人运动兴起的实践基础之上，而 1912 年，年轻的毛泽东便把这些内容基本都熟读了。

T | 北大红楼外观

T | 青年时期的毛泽东

1912 年，当严复就任北大校长时，远在湖南的青年毛泽东就大量阅读严复翻译的著作，这为他打下了良好的思想基础。

1918 年，毛泽东从湖南省立第一师范学校毕业，老师杨昌济给他写了一封信，信里说到北京现在正在搞赴法勤工俭学。1918 年 8 月，24 岁的毛泽东来到了东城区豆腐池胡同，拜访他的老师杨昌济。

为了赴法勤工俭学，毛泽东先在豆腐池胡同杨昌济老师家落脚，后又与七八个同学一起，住在三眼井胡同吉安所左巷。当毛泽东的同学纷纷选择出国学习的道路之际，他自己却做出了相反的决定——留在国内。毛泽东认为要先对自己的国家进行一番调查，然后再去留学。他觉得看翻译的著作比到外国半工半读那些原著要快得多。

通过老师杨昌济的介绍和蔡元培的安排，毛泽东的身影出现在了北大红楼的第二阅览室即新闻纸阅览室（又名日报阅览室）。在北大图书馆工作的毛泽东，最直接地受到了李大钊的言论和行为的影响，北大红楼成为点燃毛泽东的马克思主义信仰的地方。

T | 杨昌济故居

《每周评论》

在毛泽东刚到北京时，他的志愿有两个，一个是希望能够做老师，另一个是希望能从事新闻工作。毛泽东后来获得新闻学研究会听课半年的会员证书。

如今，在北大红楼门外的东城区五四大街，也因作为五四运动的策源地，而铭刻上鲜明的红色印记。

1918年底，随着第一次世界大战结束，李大钊与陈独秀等人创刊《每周评论》，打破《新青年》只谈学理的局限，开始反映当时迫切需要解决的政治问题。

《每周评论》的报道让国人热血沸腾，可随着“巴黎和会”的召开，外交失败的消息传回国内，大会将战前德国在山东的特权转交给日本，受新文化运动影响的一代青年，满腔的愤怒喷涌而出。

随着北大学生用白话文起草《北京全体学界通告》，在民众间迅速流传，5月4日，轰轰烈烈的五四运动自北京爆发。

没过多久，广大群众、市民、工商人士等阶层共同参与，发出“中国的土地可以征服而不可以断送！中国的人民可以杀戮而不可以低头！”的呐喊，最终，“巴黎和会”中国代表没有在和约上签字。

在五四运动中，工人阶级的力量开始登上历史舞台，马克思主义学说尤为瞩目。1919年5月，由李大钊主编的《新青年》“马克思研究专号”就是在位于东城箭杆胡同的编辑部里筹备出版。

革命火种，播撒全国

1919年，受五四运动影响的青年毛泽东将革命火种带回湖南，创办了《湘江评论》。不久之后，《湘江评论》遭军阀张敬尧查封。1919年底，毛泽东率领湖南驱张请愿团再次来到北京，领导开展驱逐军阀省督张敬尧的运动。1920年4月，毛

被张敬尧查封的《湘江评论》

泽东集邀湖南代表在中老胡同商议，将驱张运动从北京推广到全国。

毛泽东到北京之后，同乡学友黎锦熙曾到福佑寺去看望毛泽东，发现他桌上摆着《共产党宣言》等书籍。正是这几部著作，让毛泽东选择了马克思主义。在两次北京之行后，毛泽东最终成为坚定的马克思主义信仰者，他革命初心的确立就在北京。

百年之前的中华大地上，有一批仁人志士正像毛泽东一样，在古都东翼这片五四运动的策源地接受进步思想的洗礼，郑重选择了一条“无我”的道路，开始踏上革命的征程。

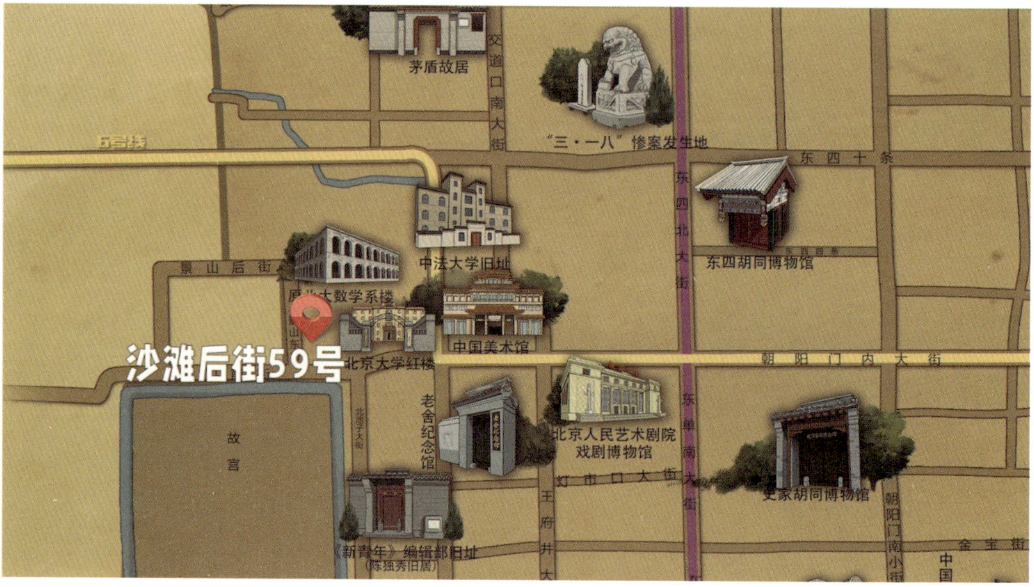

沙滩后街 59 号图示

中共早期领导人李大钊和陈独秀

丅 | 亢慕义斋

亢慕义斋，从思潮到信仰

1920 年初，陈独秀被迫秘密离京，李大钊不顾个人安危，护送陈独秀离京。在离京途中，二人共商建党大计，成就了中国共产党百年历史中“南陈北李，相约建党”的佳话。

1920 年 3 月，在李大钊的倡导下，由邓中夏、罗章龙、高君宇等人发起成立北京大学马克思学说研究会。马克思学说研究会共 19 位发起人，先后加入中国共产党的有 16 人。

在位于东城区沙滩后街 59 号的原北大宿舍里，蔡元培校长特批了两间屋子作为研究会书屋，李大钊将其命名为“亢慕义斋”。“亢慕义斋”是共产主义英文 communist 的音译，后人将“亢慕义斋”评价为“我国第一个研究、翻译、宣传无产阶级革命理论的图书室”。

T | “亢慕义斋”旧址

T |《伟大开篇》展览展陈内景

星星之火，北京早期党组织建立

随着马克思主义的研究和传播，知识分子、学生、工人、社会各界以“敢教日月换新天”的豪情壮志被凝聚到一起。

1920 年 10 月，李大钊等在北京成立共产党早期组织，当时称“共产党小组”。同年底，成立共产党北京支部，李大钊担

T |《伟大开篇》展览展陈内景

东城区爱国主义教育基地 茅盾故居

全国重点文物保护单位 北京大学红楼

任书记。

其成立后开始广泛地领导和发动群众运动，开展的主要工作有两项：一是宣传工作，包括马克思主义的学习、印刷宣传，以及在老百姓中传播的工作；二是组织工作，主要是指工人阶级的组织工作。

建党过程中，书记李大钊为民族复兴而殚精竭虑。李大钊被评为教授，每月大概有薪酬 240 块大洋。日常除了满足自己家庭消费之外，他还救助贫困学生、贫困老百姓。为支持共产主义小组及共产党北京支部的活动，他则从自己工资里每月拿出 80 块大洋作为党的活动经费。

从北京大学到五四运动，从亢慕义斋到早期党组织建立，火种自古都中心燃起，并由这里播撒向全国。

T | 北京早期党组织

光辉起点，孕育萌芽

1921 年 7 月，中国共产党召开第一次全国代表大会，从此，中国出现了一个完全崭新的、以马克思列宁主义为行动指南的无产阶级政党，中国革命的面貌焕然一新。

中共一大前的 58 名党员，有 23 个人为北大师生或与北大有密切关系，8 个党小组的创建者中有 6 个党小组的负责人在北大学习、工作过。中共一大以后，中共北京地方委员会成立，自此至 1923 年，北京共产党小组成为北方共产主义运动的指导中心，先后派人到天津、张家口、唐山、保定、徐州等地，帮助当地的先进分子建立党的地方组织。

中国共产党早期组织，在东城孕育萌芽。知识分子在这里播撒马克思主义火种，前赴后继的共产党员从这里走向全国。京华大地百年红色印记，记录了旗帜指引理想、热血铸就丰碑的碧血丹心。

百年，恰是风华正茂时。

贰

磨砺而出

百年风雨兼程，
百年沧桑巨变。
革命之火已成燎原之势，
长歌当哭唤起革命怒潮，
历史瞬间在这里凝聚，
历史使命从这里出发。

北大红楼，中国共产党早期北京组织在这里萌芽，并把建党的种子播撒到全国。李大钊、陈独秀、毛泽东等一批建党先驱在这里追求真理，立志救国。红色之路艰苦卓绝，古韵红都的东城铭记着众多铁血忠魂。

王荷波，英魂血洒安定门

1927年8月7日，中国共产党紧急召开八七会议，会议决定要用武装的革命反对武装的反革命，并决定成立中共中央北方局，任命王荷波为中共中央北方局书记并赴北京重整组织，

1927年8月7日，八七会议召开

传达中央指示，组织武装暴动。

1927年，王荷波刚刚担任中共中央北方局书记两个月，此时，中国共产党的革命事业正陷入低潮期，大批共产党人惨遭杀害，王荷波未能幸免。1927年10月18日，王荷波在发动党团员上街散发传单、张贴标语时，不慎被巡警发觉，由于叛徒出卖，王荷波在北京被军阀张作霖逮捕。

1927年11月11日深夜，军阀政府陆军军法裁判处的几辆刑车从南向北急驰而去。刑车刚到东城区安定门外的一片芦苇地就猛然刹住车，几个人从刑车上被带了下来。刑车上都是被捕的共产党人，有中共北京市委的军委委员、市委书记，

T | 王荷波老照片及简介

还有第一任中共中央北方局书记王荷波。

王荷波同志此前在狱中坚贞不屈，临死前留有遗言，让自己的孩子走革命道路，堪称大义凛然。1927 年 11 月 11 日深夜，王荷波在北京安定门外地坛公园东北角的芦苇深处被敌人开枪杀害，时年 45 岁。

T | 王荷波同志等十八烈士的遗骸移葬于北京八宝山革命公墓

王荷波（1882—1927），福建闽侯人。

1949年12月，由周恩来主持移葬至八宝山革命公墓。

T | 话剧《王荷波》剧照（资料图）

1949 年 12 月 11 日，中共中央组织部、中华全国总工会、中共北京市委等组成“王荷波同志等十八烈士移葬委员会”，将烈士的遗骸移葬于北京八宝山革命公墓，由周恩来总理亲临主祭。

2017 年，编剧赵瑞泰说：“在王荷波同志牺牲 90 年后，话剧《王荷波》在多地上演，有的人活着，他已经死了；有的人死了，他还活着，王荷波是后一种人。”

英魂虽逝，精神犹存。在东城，还有许许多多像王荷波一样的革命先驱。

千里之外，北大红楼走出杜孟模

杜孟模，河南学生运动的领导者，曾经是中共北京市东城区委负责人。

1925 年，杜孟模考入北京大学，他离开河南老家，只身一人来到位于东城区沙滩北街的北大红楼求学。在北京大学读书期间，杜孟模接触了李大钊先生等一批党的早期创始人和地下党员，在他们的影响下，杜孟模逐渐成为北京大学党组织的骨干力量，开始积极投入到党领导的学生运动当中。

杜孟模之孙毛大庆做了很多爷爷杜孟模相关资料的整理工作。毛大庆谈到，爷爷杜孟模入学不久，北京在 1926 年便爆发了“三一八”运动，这个运动是爷爷在北京大学参与的第一次比较大型的学生运动。

T | 杜孟模之孙毛大庆

T | 杜孟模所在北大数学系毕业班集体照

T | 杜孟模照片

1927 年下半年，正值白色恐怖严峻时刻，杜孟模出任中共地下党北京市东城区委负责人。1928 年夏至 1929 年春，他再次担任中共北京大学党支部书记。

1935 年 12 月 9 日，著名的北平学生“一二·九”抗日救亡运动爆发，这是中国共产党领导的一次大规模的学生爱国运动，全国各地革命学生组织声援。“一二·九”运动爆发时，杜孟模已经从北京大学数学系毕业，在开封高中任教。他以教师身份作为掩护，冒着生命危险组织开封高中教师声援北京大学学生会，声援“一二·九”运动。杜孟模同志的光辉事迹和崇高精神感人至深。

黄浩，崇实学校里的“潜伏者”

东城区作为革命之火的发源地，留下了很多抗日英雄的足迹。

T | 北京市第二十一中学的学生在接受校史教育

T | 北京汇文中学 彭雪枫塑像

T | 北京汇文中学

位于东城区的北京汇文中学，主楼后彭雪枫的雕像静静矗立一旁。彭雪枫，是抗日战争中新四军牺牲的最高将领之一，曾被毛泽东誉为“共产党人的好榜样”。1926 年，彭雪枫在北京汇文中学入党，成立了学校第一个党支部，也是东城区第一个学生党支部。彭雪枫本人不仅担任支部书记，还负责领导东城区的学生运动。而后，一代代师生从东城的百年老校中走出，肩负起救国救民的责任。

东城区另一所学校——北京市第二十一中学，其前身是北平私立崇实中学，建于 1865 年，至今已有 150 多年历史。学校每个时期都会出现英雄人物，他们是学校的骄傲，其中一位就是黄浩同志。在众多关于黄浩的资料中，只留下了一张他与夫人王佩芝晚年时期的合影，合影中这位和蔼的老人却有着非比寻常的经历。

T | 黄浩与王佩芝合影

黄浩的公开身份是新街口基督教会福音堂的长老，北京市崇实学校的校董，而他的另一个身份则是八路军冀中军区特派人员主任，即党领导下的地下抗日情报人员。除此之外，黄浩还担负一项重要任务，通过地下党在协和医院的关系，在敌占区购买药品、医疗器械送到抗日根据地。

月牙胡同，聂耳在成长

在东城，还有许多革命志士、文化名人留下足迹，聂耳就是其中一位。

1935 年上映的电影《风云儿女》，其主题曲为《义勇军

T | 聂耳老照片

进行曲》。随着电影的播放，主题曲第一次被公众聆听到，而《义勇军进行曲》的曲作者正是聂耳。

东城区档案馆档案编研科原二级主任科员朱凤荣表示，2015 年，东城区档案馆准备编辑《革命先驱在东城的革命遗迹》一书，在查阅资料时发现聂耳在东城区有生活、工作的经历。

T | 北月牙胡同

在 2015 年第 12 期《中国档案》杂志中刊载的一篇文章中提到一处地方——东城区月牙胡同 11 号。这里以前是一座寺庙，名为慈慧寺。20 世纪 30 年代初，慈慧寺曾是地下党领导的中国左翼戏剧家联盟北平分盟的主要活动场所，当时，聂耳经常到慈慧寺参加革命活动。

尽管聂耳在北平只逗留了短短的三个月，但这三个月的时间，对他而言十分重要。在北平期间，聂耳结识了许多左翼戏剧家和音乐家。他积极参与北平左翼戏剧家联盟和左翼音乐家联盟的演出活动，宣传抗日救亡，成为北平“剧联”的中坚力量。

以乐器当作武器，用旋律开展革命，聂耳用行动践行着一名音乐工作者的历史职责。从 1933 年至 1935 年，聂耳完成了大量优秀作品的创作，而这一时期正是民族危机极为严重的时期。“文以载道，诗以言志，乐乃心声”，聂耳和他创作的那些激越高昂的不朽作品，从一定意义上来说，是那个特定的民族危亡时代所造就的。

秘密电台，地下党的寂寞坚守

抗日战争期间，素来有着光辉“红色基因”的东城，其地下党组织在各所学校纷纷建立或恢复党小组。

京师公立第二中学校（现史家小学）、育英中学（现北京市第二十五中学）、孔德学校（现北京市第二十七中学）、北平第一中学（现北京市第一中学）、北平私立大中中学（现北京市第二十二中学）、北平私立崇实中学（现北京市第二十一中学）、北平市立第五中学（现北京市第五中学）、大同中学（现北京市第二十四中学）、慕贞女子中学（现北京市第一二五中学）、京师私立汇文中学（现汇文中学）都先后建立了地下党组织。

T | 各所学校剪影

方亭，中共北京市委党史研究室原副主任，地下党组织的一员。方亭老人今年已 97 岁高龄，正享受着惬意的晚年时光。她曾是《北京晚报》的创刊者之一，不为人知的是，她还有另外一个秘密身份——地下电台译电员。

据方亭老人讲述，1948 年 4 月，她受命来到北平，开始了地下电台译电员的秘密工作。解放区发来的电报和经她手发走的电报，电码都是用米汤写在一张白纸上，译电员在收到电报后拿碘酒擦拭，便可显示出字迹。

“与寂寞为伍，在刀尖上行走”，这是地下工作者的日常状态。在做地下电台译电员期间，方亭切断了一切社会关系与亲属关系，平时基本待在家里，尽量减少社会活动和与外界的联系。直到中华人民共和国成立后，方亭才与电台同事留下

T | 中共地下党译电员方亭

T | 电报组图

了一张珍贵的合影。合影的拍摄地点选在电台院里，合影人员有交通员张彬、报务员王超向、译电员方亭、报务员艾山。如今，这张留存的老照片让人们记住了他们。

截止到解放战争结束时，像方亭一样秘密潜伏在北平的中共地下党员共有 3376 人，他们当中有很多人直至牺牲时都没有留下任何影像。

T | 方亭与同事的珍贵合影

东城区交道口京兆东公街，震惊一时的“北平共谍案”就发生于此。

1947 年 9 月 24 日，位于东公街的中共北平秘密电台不幸被国民党保密局的特务段云鹏侦破。段云鹏监测到东公街有两户总是早上 6 点左右就开灯，这两户正是中共北平秘密电台的办公场所，电台人员当时正急于向延安发送一份一万多字的文件。段云鹏识破秘密后，随即发出信号，一伙保密局特务破门而入，中共北平秘密电台就这样被破坏了。

随即，西安、沈阳、兰州、承德等地的地下电台接连被发现，我党地下组织上百人被捕，领导班子瘫痪，整个地下电台系统遭到破坏。

随着地下电台被破坏，潜伏在国民党军队中的我党重要人员暴露了身份，其中有国民党保定绥靖公署少将处长谢士炎、国民党政府保定绥靖公署军法处少将副处长丁行之、国民党第十一战区长官部作战参谋朱建国、国民党第二军区司令部总务科交接参谋赵良璋以及国民党第十一战区长官部主任参谋石淳。最后，这5人英勇牺牲，就义时，年龄最大的丁行之不过40岁，最小的赵良璋年仅27岁。

流血与牺牲从来不是革命的阻碍，得民心则贤于千里之地。

T | 东公街路牌

T | 5名英勇牺牲的人员

旧时的东交民巷

今日之东交民巷

东交民巷，百年耻辱今日雪

1949 年，北平和平解放，解放军将举行盛大的入城仪式，毛主席提出“必须要走东交民巷”。

东交民巷是近代史上旧中国耻辱的象征，北平的解放军入城式必走东交民巷，这是雪百年耻辱的标志，在向全世界显示中国人民站起来了。

1949 年 2 月 3 日，解放军举行庄严威武的北平入城仪式。入城部队分两路，其中一路从南苑出发，由永定门入城经永定门大街、前门大街，进入东交民巷，再经过崇文门内大街与另一路从西直门入城的部队会合。

东交民巷，尘封着近代中国太多的苦难和悲情。随着解放军铿锵行进的步履，这里镌刻下了一个民族改天换地的铿锵与豪迈。

东城区承载了许多中国共产党的丰功伟业，也留下许多可歌可泣的共产党员的感人故事。百年红色征程，在这里，磨砺而出。

T | 解放军入城路线

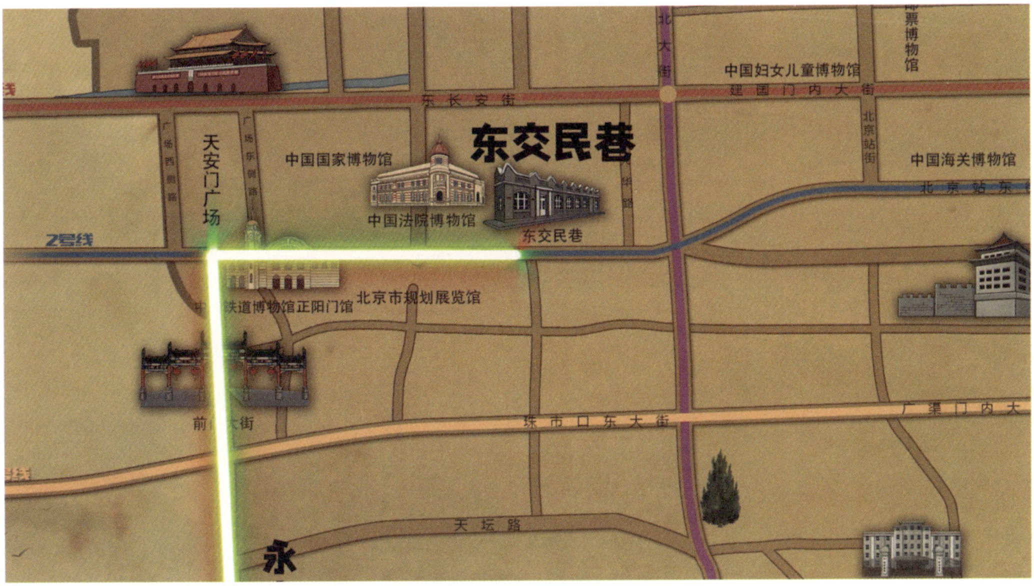

叁

艰辛创业

百年风雨兼程，百年沧桑巨变。第一次城市改造被话剧《龙须沟》铭记；第一枚国徽在东四的胡同中诞生；从『一把抓』『一团火』到『宁愿一人脏，换来万家净』，时代的精神永垂不朽。

1949 年，见证过中华民族兴衰荣辱和再次崛起的天安门，成为世界关注的焦点。“为有牺牲多壮志，敢教日月换新天。”在中国共产党的领导下，经过 28 年艰苦卓绝的斗争，中华民

族孜孜以求的民族独立、人民解放的伟大事业迎来了最后的胜利，一个崭新的中华人民共和国诞生在世界的东方。

T | 天安门城楼剪影

第一枚国徽，在东城诞生

1949 年 10 月 1 日，毛泽东在天安门城楼上，向全世界庄严宣告：中华人民共和国成立了！从此，天安门成为中国的象征。

天安门城楼上熠熠生辉的国徽与广场中心猎猎飘扬的国旗遥相呼应，成为一个泱泱大国的标志性符号。然而翻遍开国大典的影像资料，都找不到悬挂在天安门城楼上的国徽。国徽为何会缺席呢？

据史料记载，1949 年开国大典前的 7 月，开国大典筹备委员会面向全国公开征集国旗、国徽图案与国歌词谱的方案。然而，截至 8 月 20 日，征集来的 900 多幅国徽图案虽然各具特色，但却都有不足之处。于是，在 1949 年 9 月下旬召开的中国人民政治协商会议第一届全体会议上，通过了国旗方案、国歌词谱，但没有公布国徽的方案。故而，开国大典时，天安门城楼上并未悬挂国徽。直到一年后，开国大典筹备委员会才最终确定了国徽图案。

1950 年国庆节，天安门上悬挂的第一枚国徽是由位于北京东城的大庭木工厂赶制而出的。大庭木工厂是当时北京最先进的木工厂，厂里所有机械设备均从国外引进。

王永久，中共党员，第一代国徽的制作者之一，今年已 90 多岁高龄。王永久老人当年是大庭木工厂的一名工人，老人一直珍藏着一张与国徽的合影，70 余年前制作国徽的一幕历历在目。

T | 王永久老人在接受采访

T | 年轻时的王永久与工友合影

T | 国徽制作（资料图）

大庭木工厂在接到制作国徽的任务后，掌尺的韩仁成师傅负责挑料、画线，王永久和几个师兄弟则负责锯板、刮料。制作国徽的要求非常严格，制作国徽的工艺也十分复杂。选用优质的红松木材，横竖都用条子钉下来，以保证不变形，然后进行加工、雕刻、上漆、喷金。

第一枚国徽直径 3.4 米、厚度 0.333 米，材质选用的是上好的红松木材。第一枚国徽制作好后，当时受限于工厂门框，无法搬运，只好从房顶上运出来。由于汽车无法运送国徽，王永久他们用肩膀扛着国徽送到了天安门。因为亲身参与过第一代国徽的制作，王永久老人内心无比自豪，觉得为新中国尽了自己的绵薄之力。

T | 王永久老人与国徽的合影

如今，天安门上悬挂的国徽，是 2019 年重新复制的第四代国徽。闪耀的国徽、飘扬的红旗不仅象征着中华人民共和国的成立，更喻示着一个国家天翻地覆慨而慷的变化。

龙须沟改造，人艺舞台上的新旧变迁

《龙须沟》为著名作家老舍的代表作之一，它真实反映了北京市人民政府改善民生、彻底整治城市面貌的情况。

李滨，话剧《龙须沟》二春的扮演者。当年为了演好《龙须沟》，李滨一有空就去龙须沟体验生活。李滨回忆到，在排演《龙须沟》时，自己是临时被“抓”去演出的。老舍先生曾来看话剧《龙须沟》，对话剧也予以认可。当时，中国青年艺术剧院

T | 老舍经典著作《龙须沟》

演了一部《保尔·柯察金》很震撼，没想到话剧《龙须沟》一上演比它还震撼。

“这是宝地。什么宝地啊，又脏又臭，苍蝇、蚊子打成团，全城都安上自来水了，咱们还喝井里的苦水，连解个手都得跑半里地，这还宝地呢。”

这是电影《龙须沟》中的节选片段，电影中提及的龙须沟旧社会脏乱景象已不复存在，中华人民共和国成立后的龙须沟是另外一番景象。

2021 年 4 月 18 日，居民们聚在一起，纪念金鱼池小区回迁 19 周年。金鱼池就是曾经的“龙须沟”，一说到龙须沟改造，

T | 话剧《龙须沟》二春扮演者 李滨

T | 李滨老师在辅导群众戏剧活动

电影《龙须沟》剧照（资料图）

20 世纪 50 年代龙须沟改造

话剧《龙须沟》排练合影

住在这里的居民赵四红最有发言权。赵四红说，龙须沟已经住了最少六代居民了。那时，丽丰染厂在龙须沟西边，龙须沟东边也有一个染厂，两家染厂都往龙须沟里排放污水，久而久之，龙须沟就变成明沟下水道。

1950 年春天，北京市人民政府决定修龙须沟，这也是龙须沟史上第一次大规模改造——将明沟改为暗沟。龙须沟的工程预算为 693.4 万斤小米，约占全市预算支出总额的 2.25%，可见党和政府对此事的重视。

1951 年，龙须沟改造完成。同年，话剧《龙须沟》登上舞台。1952 年，电影《龙须沟》登上银幕。《龙须沟》成了“京味话剧”的代表作，它记录了一个时代的变迁。

龙须沟的变迁并没有结束。1966 年金鱼池被填埋，在原址盖起了楼房，解决了这一带居民的住房问题。北京市人民政府为当地的居民修了马路，安装了电灯，通了电车，安装了自来水和公用水站。

如今的金鱼池小区是 2001 年第三次改造的成果，百姓从

T | 金鱼池小区居民演出话剧《龙须沟》

T | 美丽宜人的金鱼池小区

简易楼住进了新楼房，龙须沟摇身一变成为金鱼池小区。每年，居民都会举办龙须沟回迁的纪念活动。在龙须沟改造60年时，为表示纪念，居民们还排演了话剧《龙须沟》，指导老师正是李滨。

从泛着臭味儿的龙须沟到庭院宜人的金鱼池，这里见证了古都兴衰荣辱的每一幕，见证了中国共产党如何把千疮百孔的旧山河改造成美丽幸福的新家园。

探索与实践，门店的转型改变

生活基础设施的建设只是一个起点，20世纪50年代，东城紧随国家建设的脚步，积极发展，为打造社会主义新北京贡献力量。

1950年，王府井新华书店北京分店在王府井大街开业，建筑面积600平方米，是当时中国最大的书店。

1954年，住在西打磨厂乐家老宅的同仁堂经理乐松生带头向国家提交了公私合营的申请。

1958年，大北照相馆搬到了前门大街北口，大北照相馆的摄影师精通超大尺寸的千人合影照，为党代会、全国人代会、全国政协会议，以及党和国家领导人会见中外宾客的大中型会议记录珍贵历史时刻。

1958年，北京自然博物馆在东城区天桥南大街落成，翌年，正式对外开放。2016年9月，北京自然博物馆入选“首批中国20世纪建筑遗产”名录。

T | 新华书店北京分店王府井门市部老照片

T | 西打磨厂乐家老宅

T | 大北照相馆

T | 自然博物馆

时传祥塑像

榜样的力量，时代精神传承不息

新生的中华人民共和国百废待兴，人们用勤劳的双手建设自己的新家园。而此时的中国，强烈的民族自豪感交织着建设新国家的巨大热情，汇聚成一股无穷的力量。

在东城涌现出了多位响当当的模范人物，时传祥就是最为人熟知的一位。

1929 年，14 岁的时传祥逃荒到北京，做起了在旧社会受压迫被歧视的“粪花子”。据《东城区志》记载，1949 年前，域内公建的公厕有 15 座，其余都是粪商为积粪盈利而用碎砖土坯砌墙、无顶、无门、乱建的厕所，夏季一到“蛆虫孳漫，恶臭遐迩可闻”。

1952年，时传祥加入了清洁队，他身背笨重的大木桶，无冬无夏挨家挨户地掏粪扫污，用自己的勤劳换得了人民的尊重。时传祥的精神感动了很多人，当年跟时传祥一同工作的刘忠强老人每每提起时传祥来，依然是赞不绝口。

1956年，时传祥光荣地加入了中国共产党。刘少奇主席曾这样赞许时传祥：你掏大粪是人民的勤务员，我当主席也是人民的勤务员。1959年，他被评为全国劳动模范，受到党和国家领导人接见。时至今日，“宁愿一人脏，换来万家净”的精神，一直影响着东城区的每一位环卫工人。

T | 时传祥纪念馆

T | 李萌在时传祥纪念馆内

T | 明城墙遗址公园的劳模墙

李萌，东城区环卫中心十所“三八”女子抽粪班班长，也是时传祥精神的传承者。李萌表示，所有职工入职第一课都要在时传祥纪念馆完成。

在明城墙遗址公园有一面劳模墙，上面镌刻着北京 1197 名全国劳模的姓名，其中工作在东城的模范人物——张秉贵的名字赫然在列。

张秉贵，是北京市百货大楼糖果柜台的售货员，他以“为人民服务”的满腔热忱，在平凡的售货员岗位上练就了令人称奇的“一抓准”“一口清”技艺和“一团火”的服务精神，成为中华人民共和国成立后商业战线上的一面旗帜。

20 世纪五六十年代，在中华人民共和国成立后艰苦创业的时期，各行各业、各条战线涌现出的模范人物有许多工作

T | 张秉贵热情为顾客服务

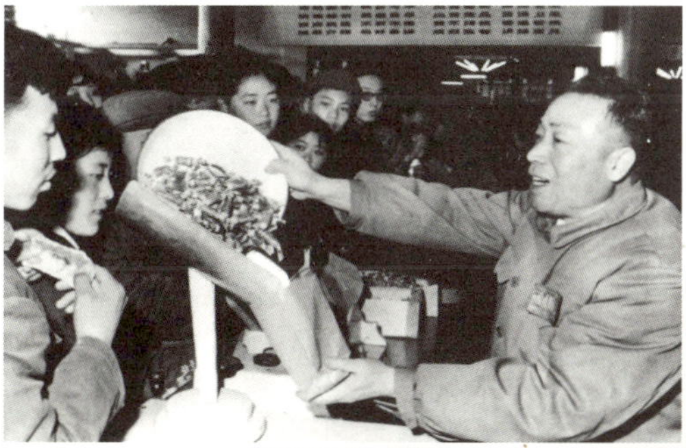

T | 张秉贵

在东城：有终身未婚却亲自接生5万多婴儿，被誉为“万婴之母”的林巧稚；有将自己的药品、医疗器械、制药用具以及医馆设备无偿地捐献给国家的皮肤科专家赵炳南……他们全心全意为人民服务的奉献精神和鞠躬尽瘁死而后已的高贵品质，成为那个时代精神的最好注解，焕发起建设社会主义中国的强大精神力量。

现代化改造，北京站的前世今生

1959年，值中华人民共和国成立十周年，首都十大建筑落成，其中人民大会堂、中国历史博物馆、华侨大厦、北京站这四座建筑都坐落在东城。

北京站原站长石玉林清晰地记得自己作为旅客第一次来到北京站的场景。当他坐公共汽车到北京站下车的时候，正好是上午10点，此时，北京站广场上《东方红》乐声响起，石玉林站在广场上足足听完十下钟声，听得心潮澎湃。

从北京站建站之初，周恩来总理就格外关心北京站的建设，从格局设计到火车轨道安全线的设立，周总理都会一一过问，提出了很多建设性的意见和建议。

设在北京站四层的北京站站史馆，馆内陈列的240余幅图片、160余件实物和模型记录着北京站发展的点点滴滴。

作为首都十大建筑之一，北京站的设计凝聚着当时最先进的建筑工艺。北京站中间大屋顶为35m×35m薄壳建筑，中间最薄壳处8cm，建筑两边厚度最厚处15cm。这座薄壳

T | 首都十大建筑中，坐落在东城的四座建筑

T | 北京站

T | 北京站站史馆

建筑经过多年风雨洗礼，不漏不塌，堪称建筑史上的一个奇迹。作为那个时代的建筑奇迹，北京站承载着每天几十万的客流量。

此时的新中国开始投入到大规模的建设当中，国家蓬勃发展，东城的变化也是日新月异。

现代化建设的步伐不曾停歇。

1961 年，为举办第 26 届世界乒乓球锦标赛，位于东城区的北京工人体育馆落成。

1965 年，北京一号线地铁开工，东城域内的前门、崇文门、北京站三座地铁站全新亮相。

1976 年，北京站客运服务设施现代化改造完成，成为当时全国火车站的标杆和榜样。

白手起家、艰辛创业，是中华人民共和国成立初期最真实的写照，中国人民用自己的勤劳和智慧克服万难。在奋斗的年代，东城也紧跟时代的脚步，响应着伟大首都北京的每一声号角。

T | 北京站列车整装待发

中华人民共和国万岁
世界人民大团结万岁

肆

滚滚春潮

百年风雨兼程，
百年沧桑巨变。
改革开放的春风在东城吹拂，城市更新的奇迹在东城开创。滚滚春潮在这里涌动，春天的故事在这里高歌。

1978 年 12 月 13 日，邓小平在中央工作会议闭幕式上作了重要讲话：

今天，我主要讲一个问题，就是解放思想，开动脑筋，团

结一致向前看……正确地改革同生产力迅速发展不相适应的生产关系和上层建筑……解决实现四个现代化的具体道路、方针、方法和措施。

邓小平同志短短的几句话犹如春雷一般，响彻祖国大地，一场奋力图新的社会变革如春潮般涌动。走出一条属于中国自己的发展之路，是几代中国人矢志不渝的奋斗目标。

春风吹来，第一家个体户小饭馆开张

1979 年 4 月，国务院首次提出恢复和发展个体经济。1980 年 8 月，中共中央明确提出，“允许个体劳动者从事法律许可范围内的、不剥削他人的个体劳动，有关部门对个体经济发展要予以支持，不得刁难、歧视”。

千年古都，半城胡同，位于东城区的翠花胡同的名号，从明朝一直叫到今天，几百年未曾更改过。1980 年 10 月 7 日，这条寂寂无闻的胡同凭着一家小门脸儿登上了《北京日报》和《北京晚报》的头版，改革开放后中国的第一家个体户饭馆——悦宾饭馆开张。当时《北京日报》用的标题是“请您尝尝看——郭氏母子饭店昨天开业”。这则看似广告味儿浓郁的标

T | 《北京日报》《北京晚报》刊登“悦宾饭馆”相关新闻

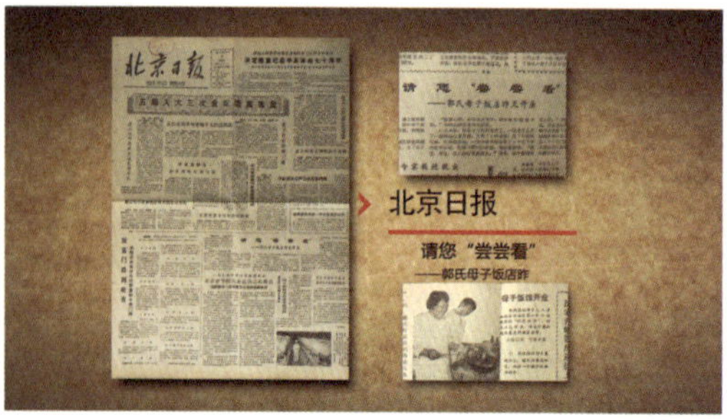

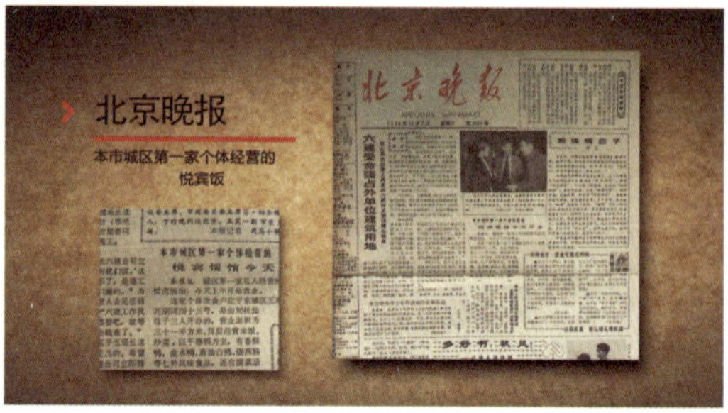

位于翠花胡同的悦宾饭馆

题，在当时可以说是于无声处听惊雷。

养家糊口，是悦宾饭馆的创始人刘桂仙和郭培基夫妇开办饭馆最原始的动力。他们原先都是单位食堂里的厨师，为了改善生活，夫妇俩想了一个办法，即通过自己的手艺开饭馆。

改善生活质量的强烈诉求加上当时东城区财税局的积极协调，悦宾饭馆于 1980 年 10 月 7 日上午正式挂牌营业。悦宾饭馆的开张在当时被美国合众社记者龙布乐写在报道里：在共产党中国的心脏，美味的食品和私人工商业正在狭窄的小胡同里恢复元气。

如今，40 多年过去了，走进翠花胡同依然可以看到，顶着

T | 刘桂仙和郭培基年轻时的合影

“改革开放后中国的第一家个体饭馆”头衔的悦宾饭馆静静地矗立在胡同深处，接待着络绎不绝的食客，成为北京的网红打卡地。店前陈旧的招牌，让在这里用餐的人们还能感受到饭店开创之初的艰难与不易。

悦宾饭馆第三代经营者郭华谈到，悦宾饭馆是改革开放后北京第一家个体餐馆。爷爷奶奶开饭馆之初，一没钱，二没粮票，得力于政府部门从中协调，悦宾饭馆才得以顺利开张。

饭馆开张第一天，收入高达 50 块钱，这在当时相当于普通人一个月的工资。如此高的收入实在是出乎夫妇俩的意料，也让他们更坚定了将饭馆做好的决心。工商局干部替饭馆做担保贷款 500 元，刘桂仙用这 500 元买了一台二手雪花电冰箱。

郭培基曾感慨地说，多亏党和国家的帮助，才有了悦宾饭馆的今天。正因为改革开放给了老百姓一个改变命运的机会，自己才可以通过努力改变生活。

T | 悦宾饭馆菜品

T | 悦宾饭馆第三代经营者郭华

就在悦宾饭馆开业 20 天后，1980 年 10 月 28 日，《北京市人民政府批转市工商行政管理局关于允许个体户从事饮食小吃和小商品经营的请示的通知》正式下发，《通知》中最重要的一句是：统一认识，积极扶植。

生活最直观的改变通常表现在吃饭、穿衣方面，悦宾饭馆的开业，看似仅为人们多了一个吃饭的地方，但其背后却彰显了经济模式的转型。对于长期生活于计划经济体制下的个人和集体，这将是一次破茧重生的挑战。面对这样的挑战，东城区出现了一批改革开放的探索者与实践者。

1983 年 9 月 26 日，国内首家合资餐厅——马克西姆餐厅在崇文门西大街开业；创立于 1955 年的王府井百货，在计划经

T | 国内首家合资餐厅 马克西姆餐厅

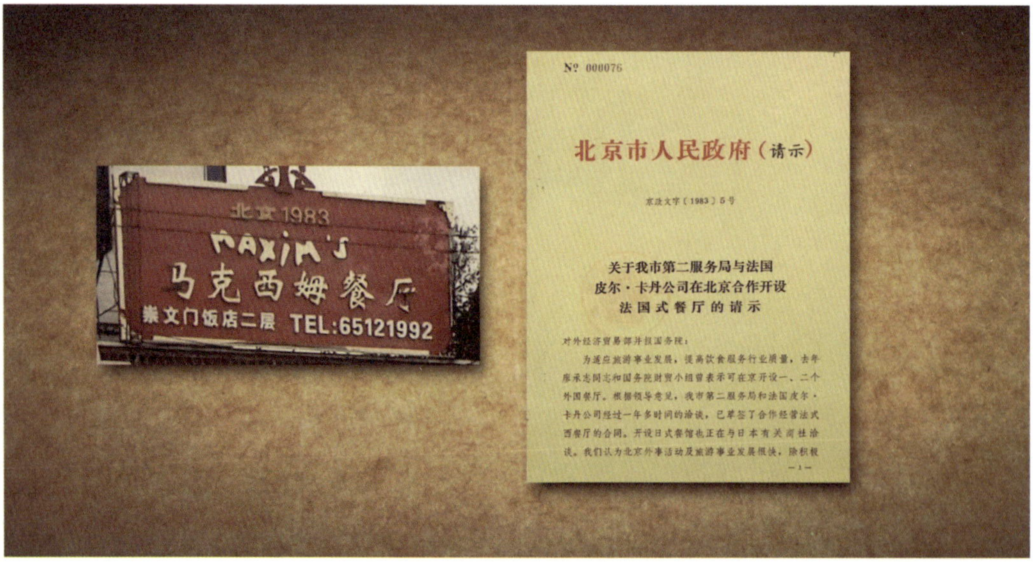

T | 王府井百货大楼内景

T | 北京新世界中心

济时代确立了全国人民心中中华人民共和国成立后第一店的地位，又在 1993 年改组股份制之后，焕发了第二春；20 世纪 90 年代，引领京城潮流的新世界百货在崇文门落地。

如今，东城区内很多知名商圈都沐浴在改革开放的春风里，孕育成长。

在继承中创新，老字号蝶变重生

1984 年，百年老字号北京稻香村也是乘着改革的东风在这里涅槃重生。

在政局动荡、军阀混战的民国初年，北京稻香村生意受到了极大的影响，名震京城的北京稻香村南货店在 1926 年被迫关张。此后，北京稻香村仿佛被人们遗忘在历史的岁月中，直到52年后，随着改革开放的浪潮来临，这家百年老店才看到了重生的希望。

1983年4月，中国民主建国会和中华全国工商业联合会在北京召开了关于传统食品咨询工作的座谈会，提出了“要恢复发展名厂、名店、名特产品”。时任北京东城区工商联副主任的刘振英参加会议并带回了这个好消息，这次会议为北京稻香村的复兴提供了契机。

1984年1月22日的《北京晚报》上刊登了这样一条消息：“稻香村”门市部重新开业。这则消息唤起了很多老北京

T | 北京稻香村 东城食尚店

T | 北京稻香村店内工作人员在装糕点

T | 玲珑精致的北京稻香村糕点

人的味觉记忆，北京稻香村门市部开业当天，虽然寒风凛冽，但街头巷尾重新飘来久违的糕点香气，让京城百姓们排起了长长的队伍。

北京稻香村董事长、总经理毕国才表示，正是改革开放提出发展市场经济，才催生了北京稻香村的复业和发展。

然而，北京稻香村重新开业的喜悦还没有维持多久，随着国门的打开，西式糕点开始大举挺进北京市场。这让稻香村开始全新的思考，在纯中式糕点的基础上，吸收西式糕点的优点、优势，然后尝试和中式糕点相融合，成为市场认可、消费者有意愿购买的成功产品。

T |《北京晚报》刊登“稻香村”门市部重新开业消息

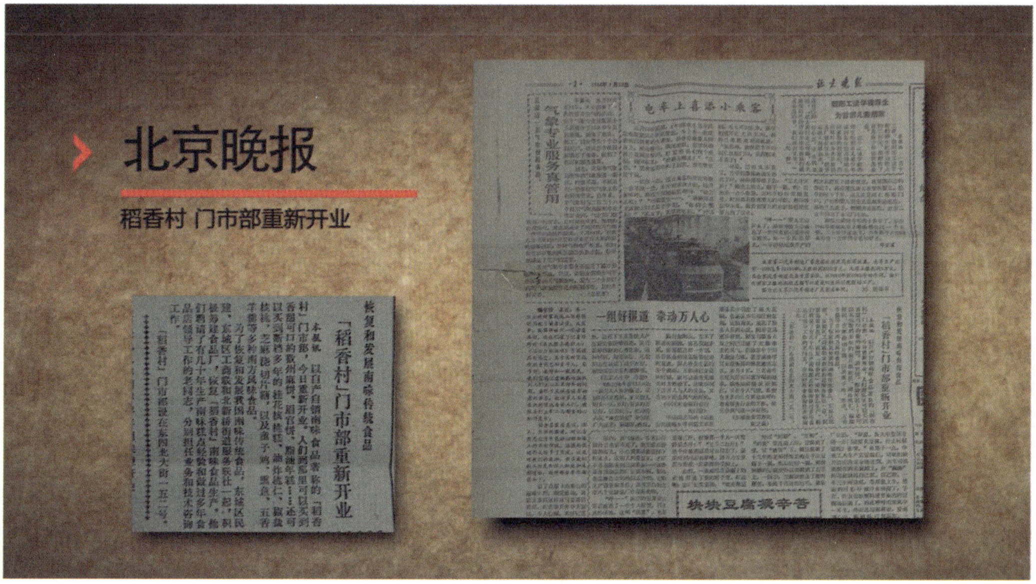

T | 菊儿胡同一角

改革开放带来了挑战，市场经济带来了机遇，中国人展露出步步为营的稳健，也在关键时刻表现出非凡的胆略和勇气。

2021 年 5 月 13 日，建于清光绪二十一年（1895 年）的北京稻香村总店在东四北大街重新隆重开张，这次开业仿佛是一场历史的轮回。

坚持传统，勇于创新，才能立于不败之地，在继承中创新，在创新中坚守，正是东城人一以贯之的坚持所在。

菊儿胡同改造，老胡同焕发新活力

位于东城区西北部的菊儿胡同，全长仅 438 米，然而正是这样一条胡同，在 20 世纪 80 年代成为全北京瞩目的焦点。1987 年，清华大学教授吴良镛受邀操刀对菊儿胡同“动手术”，以此改变老胡同居民的居住环境。

四合院采用独门独户的居住形制以及与楼房单元相结合的方式进行改造，既保留了北京传统住宅重视邻里情谊的精神内核，又最大限度地维持了原有胡同的结构肌理。北京东城区菊儿胡同改造项目 1993 年获得联合国“世界人居奖”，其创新思维一直延续到现在。

改革开放 40 多年来，东城区一直在探索北京老街区的保护与利用，建成了展现新时代传统北京味的崇雍大街、王府井金街、东单银街、隆福寺街等特色商业街，形成簋街餐饮文化一条街、南锣鼓巷、南新仓、钟鼓楼、国子监—雍和宫、东四三条到八条六个特色文化街区。

T | 东单银街

T | 隆福寺

钟鼓楼

国子监

T | 北京红桥市场

跨出国门，个体户集体出国考察

1992 年，党的十四大报告中明确指出，要积极扩大我国企业的对外投资和跨国经营。

北京红桥市场，诞生了中华人民共和国成立后首批个体户出国考察团。

解文生，第一个出国考察的个体户团与他密不可分。有一张拍摄于 1992 年的老照片，是 30 多名红桥市场的商户在集体踏上去往俄罗斯赤塔的列车前的合影，而促成这次出国考察的关键人物就是当时身为红桥市场总经理的解文生。解文生谈到，改革开放初期，好多外宾都光顾红桥市场，红桥市场商户

T | 红桥市场商户赤塔之行合影留念

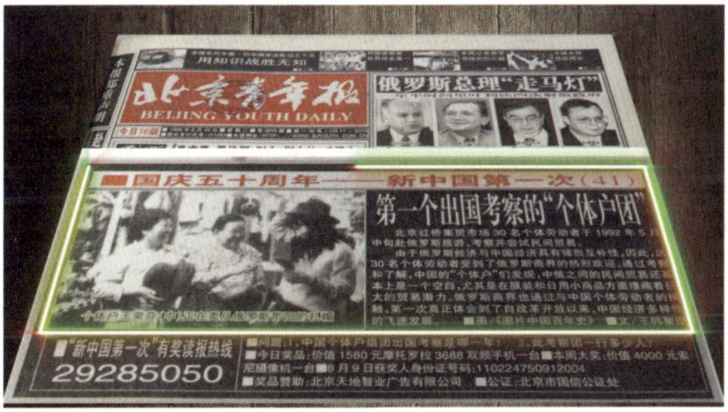
用知识战胜无知
北京青年报
BEIJING YOUTH DAILY
俄罗斯总理"走马灯"
国庆五十周年——新中国第一次（41）
第一个出国考察的"个体户团"
北京红桥集贸市场30名个体劳动者于1992年5
中旬赴俄罗斯旅游、考察并尝试民间贸易。
由于俄罗斯经济与中国经济具有强烈互补性，因此，
30名个体劳动者受到了俄罗斯商界的热烈欢迎。通过考
和了解，中国的"个体户"们发现，中俄之间的民间贸易还
本上是一个空白，尤其是在服装和日用小商品方面蕴藏着
大的贸易潜力。俄罗斯商界也通过与中国个体劳动者的
触，第一次真正体会到了自改革开放以来，中国经济多样
的飞速发展。
"新中国第一次"有奖读报热线
29285050
今日奖品：价值1580元摩托罗拉3688双频手机一台
8月9日获奖人身份证号码：110224750912004
奖品赞助：北京天地智业广告有限公司 公证：北京市国信公证处

T | 红桥市场商户出国考察的相关新闻报道

也想把商品销往国外，但当时受限于国家政策，一些商品的出口要办理海关手续非常困难。

个体商户集体出国卖货在当时具有极为重要的意义。改革开放就是要鼓励大家勇敢地迈向世界，走出去这一步势在必行。

T | 俄罗斯赤塔市老照片

红桥市场商户决定开启赤塔之行。他们出国考察时带了很多商品，其中，有些商品在国内好卖，有些则属于滞销产品，根本就卖不出去。他们想到国外试试，看看哪些商品适合在国外销售。

赤塔一行令人惊喜。红桥市场的商户们随身携带的价值 50 多万元的货物，短短几天时间就在赤塔被抢购一空。赤塔之行为红桥市场打响了国际知名度，也让人们看到了改革开放释放出的巨大能量。一个农贸市场居然诞生了中华人民共和国成立后首批个体户出国考察团，这也成为改革开放的一个标志性事件。

“三个面向”，拥抱世界从学生抓起

在滚滚的改革春潮中，中国人民的生活发生着突变式的飞跃，改革开放最初的物质变化成为之后思想变化的催化剂。

有一台陈列在北京景山学校校史馆中的老式计算机，揭示了信息技术的变革给教育带来的翻天覆地的变化。

T | 北京景山学校

北京景山学校校史馆

陈列在北京景山学校校史馆中的老式计算机

1978 年，时任国务院副总理的方毅出访时带回来一台家用电脑，并将它赠予北京景山学校。至此，北京景山学校有了第一台电脑，这也是当时全国用于中小学计算机教育的第一台电脑。1980 年初，北京景山学校建立了计算机小组，学习程序设计。

1983 年的 9 月 7 日，一封 500 多字的信由北京景山学校寄出，信的抬头是这样写的：“亲爱的小平同志、亲爱的邓爷爷……我们提出一个恳求，就是希望您老人家能为我们题词，或向我们说几句话，指明我们继续前进的方向。”

很快，1983 年的国庆节，北京景山学校收到了邓小平同志的题词：教育要面向现代化，面向世界，面向未来。

邱悦，在刚刚步入北京景山学校读书时还没有理解这句话的含义，但将近 40 年之后，已成为北京景山学校校长的他，深刻领悟到了其中的含义。邱悦表示，北京景山学校教育改革始终在回答培养什么人，为谁培养人，怎样培养人的一号命题。题词中提到的“教育要面向世界”，个人理解是指应该用宽广的胸怀和眼界与世界接轨，吸收人类共同的文化遗产和各国先进的教育经验为我所用。

40 年的光景倏然划过，邓小平同志为学校题词的“三个面向”至今依然影响着北京景山学校的历届学生，它不仅是北京景山学校办学的灵魂与旗帜，更是中国教育改革和科学发展的指导思想。它意味着中国的学生不仅要学到学识本领，更要体会一份责任担当与家国情怀。

改革开放为中国开启了一个伟大的时代。走强国之路，走富民之路，走复兴之路，这是中国人民共同的意志和抉择。中国大地迅速掀起了加快改革和发展的新一轮热潮，唱响了一曲

《春天的故事》。

东城，日新月异，成为中国腾飞的缩影，在努力奋进中发展，不仅紧密跟上世界发展的潮流，还将实现从“赶上时代”到“引领时代”的伟大跨越。

伍

世纪跨越

百年风雨兼程，百年沧桑巨变。

中奥成功，老城焕发运动活力；城市公园亮相，推进历史名城保护；国家级非遗，在东城绽放光华。

千禧之年的钟声把新世纪的霞光带给中国，“跨世纪发展”一度成为时代关键词。

世纪之初，亚太博鳌论坛在海南拉开序幕，北京申奥成功，亚太经合组织会议在上海举行，中国加入世界贸易

组织，改革开放为中国带来了自信和自强，“走出去”和“引进来”相结合，中国的对外开放水平迈上新台阶。

北京东城也成为改革的急先锋，以开放的胸怀在迎接变革。

中国加入世界贸易组织签字仪式（资料图）

东方广场，东城启新前行

1997 年香港回归祖国，这一年，东方广场已经紧锣密鼓地投入施工，三年后，即 2000 年，东方广场开始正式营业。

新世纪初，东方广场成为北京最具有设计感的建筑群之一，它为北京带来的是一种全新的商业模式。

东方广场经理蒋领峰提到，东方广场由世界著名的建筑事务所巴马丹拿设计而成，该建筑群融合了传统的中国四合院建设形制的设计理念，内圆外方，门内有门，楼中建楼。东方广场设有城市中心首屈一指的音乐喷泉，开辟了市中心罕有的绿化空间，常年绿意盎然，可闹中取静。

T | 俯瞰东方广场

T | 东方广场外观

东方广场的设计理念和服务设施称得上是顶配，入驻广场的企业其中有很多是五百强企业，这些企业之间互相关联并互为彼此创造诸多商机。跨国会计师事务所毕马威，正是在 21 世纪之初入驻东方广场的。

在毕马威中国北方区首席合伙人邹俊的印象里，事务所最初的办公场地面积大概为 600 平方米，员工有五六百人。随着业务的同步扩张，加之事务所希望能够在中国市场持续投资，如今，事务所办公场地面积已超过 20000 平方米，专业服务人

跨国会计师事务所毕马威

员已达 3000 人。

地处长安街畔、距离天安门仅 1200 米的东方广场，逐步发展为一个国际性贸易中心，许多外资公司二十几年来与它一同成长。除此之外，东方广场还孕育了北京第一座真正意义上的购物中心（shopping mall），开创了京城消费新格局。

东方广场开创京城消费新格局

期待五环之光，奥林匹克社区诞生

2001 年 7 月 13 日，北京申奥成功。作为北京核心区的东城在那一晚沸腾，在王府井大街上人们欢呼雀跃，在天安门广场上人们热舞欢腾，大家都在期待这场奥运盛事带给这座城市的改变。

在今天的北京东二环畔，赫然矗立着一座东四奥林匹克社区公园，公园内的城市雕塑保留着东四奥林匹克社区与北京奥运会深深的记忆。

东四奥林匹克社区，是世界上第一个把奥林匹克精神和社区建设融在一起命名的社区，奥运的精神深深植入了社区百姓的心里，体育的热情二十几年经久不衰。

T | 东四奥林匹克社区

T | 东四奥林匹克社区公园的城市雕塑

2018 年北京奥运会期间，奥组委驻在青蓝大厦，离东四奥林匹克社区很近，社区居民因此觉得很自豪。对于种种有关奥运会期间的场景，社区居民至今仍记忆犹新。

东四奥林匹克社区喜迎奥运的脚步一直在迈进，从 2004 年开始，东四奥林匹克社区开始引导社区居民参加形形色色的体育活动，居民参与热情高涨。奥运会鞍马冠军滕海滨成为社区代言人，东四街道的居民更是自己设计了东四街道吉祥物“奥娃”，取名叫“东东”。

T |“奥娃”东东

T | 老城历史风貌

留白增绿，打造城市公园

世纪之交，北京老城也在寻回自己的味道。20 世纪末，故宫与天坛先后入选联合国教科文组织《世界文化遗产名录》，自 2000 年起，明城墙遗址、正阳门等体现古都气韵的重要遗迹都进行了恢复性修缮。

T | 皇城根遗址公园

T | 改善前后景观对比

然而，老城历史风貌如何保护，百姓居住的需求如何改善，东城作为首都文化核心承载区，开始了迫切的探索。

东城区这一时期修复建成皇城根遗址公园，公园与中轴线

长安街畔河道　碧水绿荫环绕

皇史宬、太庙

平行。有一张拍摄于 2001 年的照片，照片的拍摄者是原东城区新闻中心摄影师吴强。作为东城区的老新闻人，吴强 20 年前寻找制高点拍下了这珍贵的一幕。照片上呈现了私搭乱建的公园景象，时隔一年之后，原照片中的杂乱场所已经变成了繁花似锦的街心花园。公园环境发生了翻天覆地的变化。

居民搬迁，居住环境有所改善，城市历史景观有所恢复，老城有了一条绿色廊道。而长安街畔，一条昔日的河道也重新回到了人们的视野，这就是菖蒲河故道。

20 世纪 60 年代时，有 38 家单位、600 多户居民全挤在河道红墙后边一带居住。2002 年，东城区斥资搬迁河道两侧全部居民，挖出菖蒲河故道，恢复了水面，亮出了太庙、皇史宬。

东城区对菖蒲河故道进行了绿化建设，河道沿线保留了 60 多棵古树，并新种植了大量花草和树木，恢复了一片天然的生态园林。菖蒲河公园设计师李战修说，在恢复河道过程中，不管是文物资源——红墙，还是植物资源——古树，都进行了一定程度

T | 葱茏劲秀的古树

的保留和延续，这从侧面显示了文化的传承。

“城市公园”的概念第一次在北京“诞生”。随后，位于东城的玉河遗址公园、东二环滨河绿道、前门三里河公园等逐步建成，“城市公园”成为镶嵌在千年老城中的绿色宝石。

T | 东二环滨河绿道

T | 通惠河玉河遗址公园

T | 前门三里河公园

文化保护，让老手艺传承时代精神

东城区在探索老城保护的同时，对北京传统文化的另一种保护也在悄然进行，这其中就要提及景泰蓝。

T | 精美的景泰蓝工艺品

T | 国家级非物质文化遗产景泰蓝制作技艺代表性传承人钟连盛

当下时兴的直播带货，让更多年轻人开始喜欢上景泰蓝这种传统的北京宫廷技艺。然而，在21世纪初，景泰蓝却一度陷入无人问津的窘迫境地。

中国工艺美术大师、国家级非物质文化遗产景泰蓝制作技艺代表性传承人钟连盛表示，工艺美术一直以来为国家出口创汇作了很大贡献。20世纪90年代市场经济转型之后，包括景泰蓝在内的全国工艺美术普遍遇到很大的困境。

从20世纪90年代末开始，大量传统工艺美术厂纷纷破产倒闭，北京市珐琅厂经过改制，一直苦苦支撑。

T | 工艺品制作技艺

T | 景泰蓝以国礼身份登上国际舞台

新世纪为古老的手工技艺带来了曙光。2003 年 10 月，联合国教科文组织第 32 届会议通过《保护非物质文化遗产条约》。2006 年，景泰蓝制作技艺入选第一批国家级非物质文化遗产名录，“非遗”这一文化热词给老手艺带来了翻天覆地的变化。

北京市珐琅厂成为非遗传承基地，景泰蓝以国礼的身份登上了国际舞台。对非遗的保护和宣传，也让年轻人走进了珐琅厂，他们在掐丝的弯折间、点蓝的晕染间，体会中国传统工艺的精妙。

T | 非遗组图

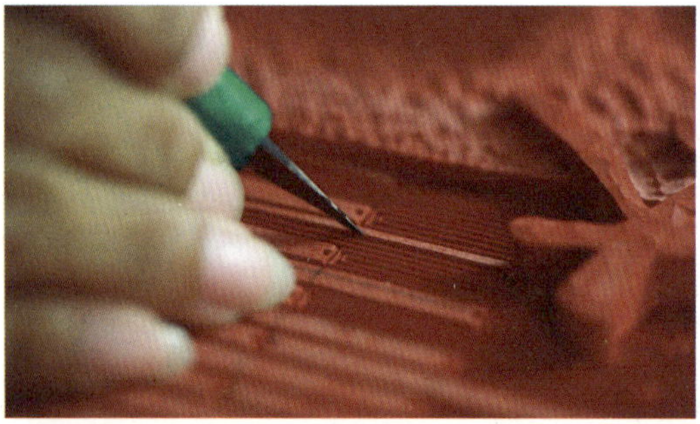

2006 年，第一批国家级非遗名录公布，智化寺京音乐、象牙雕刻、景泰蓝制作技艺、雕漆技艺、同仁堂中医药文化都跻身其中。随后，东城区有 31 项非遗入选国家级名录，有 61 项入选市级名录。东城区通过对非物质文化遗产的保护，推动古都文化、京味文化实现世纪跨越。

东城园，撬动世纪发展新机

千年之交，大国腾飞，“十一五”规划提出了“推进工业结构优化升级”的举措，而提高自主创新能力是推动工业结构优化升级的根本。2006 年 9 月，在北二环的歌华大厦里，东

T | 歌华大厦

城园的前身雍和园揭牌，一时间风头无两。东城园管委会副主任韩树凡表示，东城加入中关村园区可以让部分区域享受国

T | 光线传媒

T | 中文在线

T | 视联动力

家级科技创新的支持政策，从而带动文化科技融合和文化产业发展。

东城园建立之初，光线传媒、中文在线、视联动力等众多文化科技融合发展的企业在这里成长，东城园成为北京市乃至全国的数字内容产业重要集聚地之一。

新榜，是与东城园一同成长的一家互联网企业，它从最初的两三人逐步发展到上百人规模，并将公司总部从上海迁到北京。新榜入驻东城园的缘由之一是倾向于胡同文化，相比于商业高楼大厦，在新榜的露台上，一抬头就可以看到楼下面的四合院。

新榜首席运营官李建伟说，新榜入驻东城园之初只租了一间八九十平方米的房间，配置有工位和一张沙发，随着办公人员的陆续增加，又逐渐拓展办公空间。

自 2008 年开始，一种全新的专属于东城的创业空间正在孵化，胡同创意工厂应运而生。

北京东方嘉诚文化产业发展有限公司董事长甄军，是最初一批胡同创意工厂的改造者。甄军说，东城的胡同里有一批亟待改造的轻工业老厂房。2008 年到 2009 年，破败的轻工业老

T | 互联网企业新榜

T | 北京东方嘉诚文化产业发展有限公司

T | 北京市东城区中小企业服务中心

厂房一直搁置未启用，那时大家普遍没有将老厂房改造成办公场所的意识。

真正有需求要入驻胡同办公的是一批文化、传媒设计类公司，胡同老厂房敞亮的空间经过改造，刚好满足了文化科技企业的需求。文化科技企业入驻胡同创意工厂后，能够享有很好的共享空间。

胡同创意工厂为创业者提供的绝不仅仅是一个空间，更是一整套的服务体系。东城园管委会副主任韩树凡表示，当时至少有两家平台都是北京市中小企业服务中心，它们直接服务于园区，为园区提供一些软性服务如政策宣讲、经济支撑服务等，以便让企业能够轻装上阵，让创新创业生态更加完善。

在东城园的引导下，胡同创意工厂如雨后春笋般成长，升级成为构筑现代北京“软实力”的智慧支点，更成为东城区城市更新改造的一种成功范例。

東雍创业谷
THE ORIENTAL
INNOVATION

方家胡同
46号

青龙
QINGLONG
文化创新街区
CULTURAL INNOVATION COMMUNITY

2008 年 8 月 8 日，北京奥运会开幕，北京为世界所瞩目，而全民奥运的激情早已在东城点燃。

2008 年北京奥运会期间，王府井工美大厦门前经常排起长队，密密麻麻的队伍几乎都是前来购买奥运产品的。奥运纪念品成为可以留住的回忆，而从奥运申办书到天坛祈年殿前印下奥运会徽的宝玺，中国匠人也用精湛的技艺为奥运留下了独特的中国美学，这其中尤其要提到金镶玉奖牌。

2006 年，奥运金镶玉奖牌制作的任务交到中国工艺美术大师张铁成手中，奥组委同时给他提出“苛刻”要求：仅 3 毫米厚的玉片要保证高空 3 米坠落却分毫无损。

当时测试奖牌，是将奖牌分别从大约 3 米、2 米、1.5 米的高处摔下，要保证奖牌在落到木地板、石头地板等不同材质上毫发无损。张铁成通过一个小小的 O 型圈实现了这项高标准要求。O 型圈是一个 0.5 毫米圆形的槽，开槽深浅一致，中间垫进一根 2 毫米的硅胶环咬合住，如果奖牌垂直坠落，硅胶环就能缓冲化解。玉片手工磨制精细到“丝”，正是中国匠人的执着，让金镶玉奖牌成为 2008 年奥运会赛场上一道靓丽的风景。

2008 年，东城已经为奥运做好了准备，2.5 万名城市志愿者，随时准备提供信息咨询、语言翻译、应急救援等相关服务。

孙茂芳，人称“京城活雷锋”，2004 年雅典奥运会、2008 年北京奥运会，他都被选为奥运火炬手。对于担任火炬手的

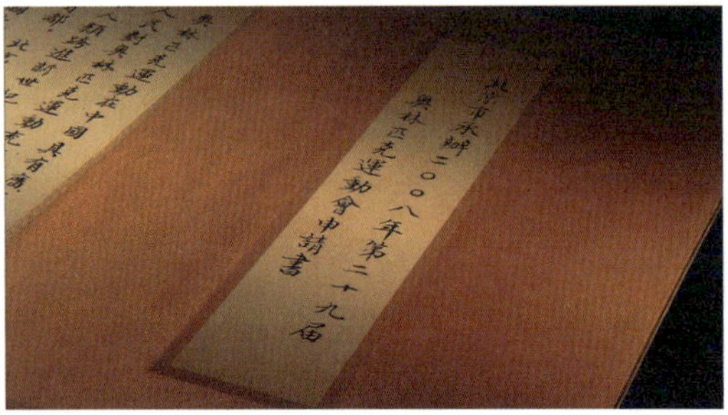

奥运申办书

印下奥运会徽的宝玺

奥运纪念品

奥运奖牌

T | 奥运火炬手孙茂芳

这段经历，孙茂芳老人至今回想起来仍无比激动。据他回忆，当时自己传递火炬时，道路两边挤满了人，呼喊“祖国万岁”“加油”“孙茂芳加油”，奥运火炬的传递证实了国家的强大和人们的爱国主义精神高涨。

奥运火炬在北京的传递踏遍东城。8 月 6 日清晨，奥运火炬在午门开始传递第一棒，8 月 7 日傍晚，最后一棒交接，奥运火炬登上地坛的拜台。8 月 8 日晚上，东城区永定门上空，烟花形成的大脚印沿着北京中轴线一路向北直达鸟巢。

中国以无与伦比的行动力，圆百年梦想，创世界奇迹！东城也站在新世纪新阶段的启航线上，以崭新的姿态开启一段新的壮丽航程。

陆

扬帆起航

百年风雨兼程，百年沧桑巨变。新世纪新挑战。东城，构筑全新的经济发展格局，以忘我的拼搏迎接全新的挑战，以创新型服务扶持新经济的增长。

回望百年，在中国共产党的领导下，中国披荆斩棘、不断前行，实现了“中国奇迹”。党的十八大、十九大开启了承前启后、继往开来的新时代。进入新时代，中国一跃成为世界第二大经济体，成为全球经济的引擎，加快推动了世界经济的复苏。

在奋进的时代，要贯彻新发展理念、构建新发展格局，北京东城在首都功能核心区的建设上，凝心聚力。以新经济为驱动，东城区站在中国经济转型的潮头，扬帆起航、深耕细作。

T | 位于南阳胡同 6 号的南阳 · 共享际

消费驱动，多场景孕育品牌新生

党的十九届五中全会提出，加快构建以国内大循环为主体、国际国内双循环互相促进的新发展格局。面对互联网经济的高速发展，新消费场景的孕育迫在眉睫。在北京构建国际消费中心城市的框架下，北京消费季、前门京味消费季、燃购东城消费季等一系列提振消费市场的活动陆续开启。

2021 年，北京东城区，新消费品牌孵化基地挂牌，红桥市场、王府中环 19 号府、南洋 · 共享际，揭示着一个新消费时代即将到来。

南阳 · 共享际戏剧社区

南阳 · 共享际的戏剧文化

东城区的胡同里迎来了一批批爱好脱口秀、戏剧演出的年轻人，他们的目的地是位于南阳胡同 6 号的南阳 · 共享际。

戏剧工作坊品牌主理人阿球从事即兴戏剧演出已经 9 年了，

T | 南阳 · 共享际

现在每周有固定的演出场地，有稳定的观众甚至还有粉丝群，这是他理想的生活状态。

为热爱戏剧坚持梦想的阿球提供栖身之地的南阳 · 共享际，曾是中国对外演出公司审核剧目的地方，已废弃多年。

3400 平方米的场地经过修复、翻新及空间改造，打造成了一个全新的共享戏剧社区，也成为东城区挂牌的新消费品牌孵化基地。

南阳 · 共享际品牌主理人赵禹清说，南阳 · 共享际可以给年轻的消费者带来耳目一新的感受。他们从东四北大街来到南阳胡同，推开大门以后会发现，这里有剧场，有生机勃勃的剧团，还有很多网红配套商业。

在南阳 · 共享际里不仅有剧场，更提供了类型丰富的消费场景。“破圈”“复合”等新消费场景的经营策略让“观众难”的问题不复存在，热爱戏剧文化、热衷文化消费的年轻人成为这里稳定的客源。

南阳 · 共享际的观众群非常丰富，有大学生、高中生、中年人、老年人。观众喜欢的文化类型多样，比如戏剧文化、书

T | 王府中环 19 号府

T | 王府中环

T | 王府中环的咖啡青年节

店文化、咖啡文化、黑胶唱片代表的音乐文化等。在各个剧团演出之前，南阳·共享际场域可以给观众提供更多的体验。

作为新消费品牌的孵化平台，南阳·共享际不仅是东城区打造的以戏剧为主题的文化社区，更是老北京胡同里别样的生活空间，是引领时代风潮的新型文化消费空间。

王府中环现在已经成为很多品牌创立者的梦想之地，王府中环19号府，在2021年3月29日已正式获批入选东城区品牌孵化基地试点。一批多元的、贴合新消费趋势的品牌在王府中环得到展示和孵化。

端木良锦就是其中的一家。端木良锦取意端正的木头和优良的锦缎，使用现代的木工技艺复原唐代的细木镶嵌工艺，让人们对中国设计青眼相看。在创业之初，端木良锦与大多数国内设计品牌一样，只能通过朋友圈的口口相传拓展很小众的市场，直到与王府中环合作，才完全打开了新世界的大门。

T | 端木良锦内景

T | 端木良锦设计艺术品

端木良锦品牌合伙人李煦说，第一家店往往具有里程碑式的意义。王府中环在两年前给端木良锦提供非常难得的机会去尝试，是王府中环发现了端木良锦，王府中环是端木良锦的伯乐。

新消费场景比拼的是谁能为顾客创造独一无二的价值。年轻消费群体更重视社交需求，更强调悦己的体验，艺术化的空间营造与品牌的价值相互呼应。

T | 艺术工坊

T | 新消费场景

T | 山河万朵素餐厅

T | 山河万朵素餐厅的精美菜品

王府中环的孵化计划给新的品牌提供一个展示自我的机会，进而再去发展。王府中环 19 号府孵化平台，有致力于打造国内版“蟹道乐”的日料店蟹道，有融合 40 多年家族餐饮经验的韩国美食首尔饭家，还有用纸雕镌刻城市印记的艺术工坊。最令人称道的是这里的素餐厅山河万朵，从创立直至拿到米其林一星，一家餐厅的成长见证了新消费品牌的孵化历程。

山河万朵，吸取中国传统的饮食理念，选用各地时令的果蔬五谷，通过国际化的烹饪和造型手法，打造出了艺术主题菜单。山河万朵品牌创始人张果认为，素食的底蕴从传统而来，传统不仅是本土的自我表达，还要融入国际性的世界语言，是东西方融合的当代表达。

王府中环 19 号府作为东城区的新品牌孵化基地，今后将继续聚焦高端餐饮和精致生活方式，把零售、餐饮、艺术工坊、文化 IP 主题、生活服务类等业态业种集聚在一起，形成口碑影响力，促进品牌成长，助力王府井商街国际消费中心区建设。

主动作为，助力“两区”建设

自北京大力推进“两区”建设以来，东城乘“两区”建设之风，扬东城发展之帆，已累计入库项目 96 个，其中外资项目 34 个，外资项目占比 35.4%，累计落地项目 71 个，在推项目 25 个，其中外资项目 7 个，在推项目外资占比 28%。为落实项目，助推企业，东城区不断寻求政策突破。

2021 年 5 月 17 日，嘉德春拍预展的最后一天，熙攘的人群预示着疫情防控常态下艺术品交易市场的复苏。6000 余件艺术珍品吸引了众多藏家和艺术爱好者，在国际艺术品拍卖市场屡创佳绩的当代艺术作品让观众们流连忘返。这其中，保税拍卖尤其吸引一些钟情海外艺术精品的藏友。

T | 嘉德春拍预展

T | 多样化的艺术展览

T | 东城文化活动

在海外艺术品回流过程中，关税曾经是拍卖公司和藏家们要负担的一笔资金成本，嘉德从2016年开始推出“保税拍卖”，让境外艺术品进出海关的手续得以简化，有利于海外精品的引进及中国众多流失海外的国宝回流。

东城区作为北京的“博物馆之城”，每年都举办大量的国际展览及全球拍卖，对保税仓的迫切需求助推了政策的突破。为加快“两区”建设，东城区协同市区各级部门，推动设立嘉德艺术中心自用型保税仓库和隆福寺国际文化艺术品保税库，打造高质量的艺术品服务平台，开展艺术品快速通关及相关仓储等服务。

东城区全方位、多角度深入研究创新监管新模式，突破政策瓶颈，解决制约企业发展的障碍。未来，众多扎根于东城的文化艺术场所都将受益于东城区提供的一整套艺术品服务平台的便利服务。具有国际高水准的艺术展览将会越来越多地出现在东城，彰显“文化东城”的精神自信与使命担当。

T | 数字人民币应用场景覆盖餐饮服务等领域

T | 数字人民币体验官范雪娇

从 2019 年开始，中国人民银行相继在全国 11 个城市和地区开始试点数字人民币，应用场景覆盖生活缴费、餐饮服务、交通出行、购物消费、政务服务等线上线下多个领域。

2021 年 2 月 7 日，数字人民币在北京市东城区的“数字王府井 冰雪购物节”上试点应用。这是北京市首次数字人民币的全场景应用，共有 252 万名在京市民参与预约报名，最终实现了“报名人数、测试次数、执行次数、消费比例”四个全国第一。

东城区作为“两区”建设中的国家服务业扩大开放综合示范区，王府井作为北京最具有代表性的商业街区，在金融领域开放创新方面起到了示范带头作用。

数字人民币体验官范雪娇从小就喜欢各种新鲜事物。特别幸运的是，今年年初发数字人民币红包时，范雪娇中签了200元的数字人民币，线上线下都能使用。作为消费者，范雪娇期待着新支付方式的应用场景更加丰富，支付方式更便捷。而作为在文化消费领域推广数字人民币全场景应用的最好承载地——北京市东城区，希望带动消费者建立数字金融的消费习惯，更好地融入消费环境。

T | 在文化消费领域推广数字人民币全场景应用

精准服务，优化营商环境

2020 年，国家服务业扩大开放综合示范区、中国（北京）自由贸易试验区的建设为东城区的发展提供了前所未有的历史机遇。东城区不断优化创业营商环境，打造“紫金服务”，打通政府与企业的最后一公里，让企业在东城发展收获更多的幸福感和获得感，提升产业的活力。

紫金驻企专员制度是东城区独创的企业服务品牌“紫金服务”的升级版，选拔专员脱产派驻到 100 家重点企业和成长性好的中小微企业报到。驻企专员不增加企业负担，为企业“一对一、面对面、点对点”协调解决各类公共事务，让企业切实享受到东城“你交我办、排忧解难”的紫金服务。

T | 东城优化创业营商环境，打造“紫金服务”

T | 商务楼宇

凭借 G20 峰会开幕式、北京奥运会开闭幕式等大型活动而在业界赢得声誉的北京锋尚世纪文化传媒股份有限公司（下文简称“锋尚世纪”），2020 年在资本市场上市成功。

锋尚世纪对办公环境和通勤距离都有很高的要求，作为文化创意类设计公司，其很多项目都有严格的时间节点，公司加班会比较多。但是，大部分物业和办公楼的空调在下班后就停止运行。

戴悦，东城区文促中心工作人员，紫金驻企专员。戴悦入驻锋尚世纪后要帮助企业解决的第一个问题就是找房子。作为紫金专员，戴悦非常熟悉东城区的各个园区与楼宇，他先后联系了十五六处园区及办公空间。一个人解决不了的问题，可以依靠背后东城区政府机构的支持。于是，戴悦发动了全单位的同事，把东城在当时能够考虑的楼宇和空间都为锋尚世纪对接过了，耗时五六个月。

戴悦表示，通过驻企专员的机制能够第一时间对接、反馈、服务企业，让东城区优质的文化企业实现良性成长，紫金驻企专员工作的付出很值得。

东城区目前有 32 名紫金驻企专员，驻派 101 家企业，通过半年多的磨合，为企业解决了政策咨询、行政许可、公共服务等类型的问题共 404 件。

通过为企业零距离提供管家式的定制服务，东城为优化营商环境付出的努力，给辖区内企业的发展提供了强大的助力。

勇于攀登，敢于拼搏，不断创新，才能在历史征程中一往无前，这是中国共产党带领下中国的发展之路。东城，汇聚经济发展的新动能，形成消费驱动促进产业增长的新格局，为谱写中华民族伟大复兴的北京篇章做示范。东城的新经济增长之路，从这里扬帆远航。

中国文
天才在
疯子在
INFLUEN

柒

文化自信

百年风雨兼程，百年沧桑巨变。

千年古都北京的核心区东城，以『崇文争先』为引领，以文化浸润城市，以文化赋彩生活，以文化助力发展，以文化展示形象。

习近平总书记在党的十九大报告中指出："文化兴国运兴，文化强民族强。没有高度的文化自信，没有文化的繁荣兴盛，

就没有中华民族伟大复兴。”

5000 多年文明传承基础上的文化自信无比深厚、愈益强

大。千年古都北京的核心城区东城区，坚持“崇文争先”理念，积极推进“文化强区”战略，以文化塑造东城发展新格局，形成文化引领城市发展的“东城范式”。

T | 东城区文物资源一隅

以文化浸润城市

文化的力量总是“润物细无声”地融入经济、政治、社会之中，成为经济发展的“助推器”、政治文明的“导航灯”、社会和谐的“黏合剂”。拥有深厚文化底蕴、丰富文化资源的东城区正在牢牢抓住文化的引领作用。

2021 年 5 月 7 日，北京东城文化发展研究院成立，中国文物学会会长、故宫博物院第六任院长单霁翔担任北京东城文化发展研究院院长，并邀请来自北京大学、清华大学、国家博物馆、中国美术馆等 12 位专家学者担任首批智库顾问。

单霁翔院长表示，东城是一个非常独特的历史区域，北京中轴线大部分区域都在东城区辖区范围内，它统领着城市景观和平缓开阔的老城布局。几百处各级文物保护单位集中在东城区，就文物资源的丰富程度和确定各级文物保护单位的密集程

T | 北京东城文化发展研究院

T |“文化东城”会客厅

度来说，这在全世界是很少有的，可谓首屈一指。

北京东城文化发展研究院副院长吕舟指出，东城是一个历史文化资源极其富集的区域，可以从保护和展示它的角度出发，把相关资源发掘和展示出来，从而讲好中国故事，讲好北京故事，讲好东城故事。

3000 年建城史、800 多年建都史，赋予了北京老城深厚悠远的独特韵味。新时代如何让“老”与“新”携手前行，如何实现老城复兴，北京致力于探索与创新布局，东城也依托首都功能核心区规划，引导老城整体保护迈进新纪元。

北京东城文化发展研究院策划推出“文化东城”会客厅，来自东城的责任规划师与文化学者深度探讨，助力古都街区治理和城市更新。

作为社区综合体规划与运营管理的研究者、城市微更新领域的亲身实践者，北京市城市规划设计研究院高级工程师赵幸认为，东城的胡同保护越来越注重尊重它的历史价值，东城正在创新管理，努力把古都历经千百年岁月的文化遗产保护下来。

2021 年春季，北京中轴线最北端的钟楼进行了顶部屋瓦的修缮。针对文物建筑定期进行“健康体检”，这是东城区实施文化精致战略的一项重要工作。近年来，东城区对永定门、南中轴御路等进行修缮，对社稷坛、太庙、天坛等内部占用进行腾退，对天坛坛墙外简易楼进行搬迁拆除、在钟鼓楼周边实施申

T | 古都风韵

T | 北京中轴线（部分）

请式退租等，不断推进中轴线的保护，表达了积蓄在北京肌体内的文化动力，体现了大国首都的文化自信。

东城，不仅是三千年古都文化传承地，还是百年来中国红色文化的发祥地，在 2021 年建党 100 周年之际，东城区发布《薪火传承——东城区党史游学地图》。重点打造“觉醒年代”“光辉足迹”“历史记忆”“文人志士”“日新月异”五条党史游学推荐线路，涵盖北大红楼、中国美术馆、天安门广场、蔡元培故居等 24 处革命活动旧址和爱国主义教育基地。邀请文化名人作向导，引领大众踏上百年初心寻访之旅。

龙平平，《觉醒年代》编剧、东城区党史游学地图“日新月异”线路代言人，龙平平代言的线路涵盖了中国美术馆、北京

北京胡同

人民艺术剧院博物馆、东四胡同博物馆、史家胡同博物馆、北京市规划馆几个地方。龙平平认为，东城的文化相当丰富，文化地标有史家胡同博物馆，史家胡同里居住过很多民国名人；有网红打卡地东四胡同博物馆；有北京人艺，那里出过郭沫若、焦菊隐等大家，作为编剧出身的龙平平对北京人艺非常崇拜。

“觉醒年代”线路 · 打卡《新青年》编辑部旧址

T | “光辉足迹”线路 · 打卡前门大街

T | “历史记忆”线路 · 打卡中国海关博物馆

东城青联常委、中央电视台《新闻联播》主播严於信作为“文人志士”线路代言人，打卡了丰富胡同里的老舍纪念馆。严於信介绍，老舍先生是中华人民共和国成立后第一位获得“人民艺术家”称号的作家，他在丰富胡同生活了 16 年。

"文人志士"线路 · 打卡老舍纪念馆

"日新月异"线路 · 打卡北京人艺

游学地图让青年人在游学中感悟百年党史蕴含的智慧和力量，做到学史明理、学史增信、学史崇德、学史力行，凝聚东城奋进力量。

东城，不仅是三千年古都文化传承地，还是百年来中国红色文化的发祥地。东城以中轴线为统领，五条纵横交错的文化带连通起城市的文化脉搏，“以文化城、文在城中、文城一体”的城市意象正在逐步形成。东城，以文化浸润城市，延续千年古都文脉，绘制老城复兴的生动画卷。

以文化赋彩生活

丰富的精神文化生活是中国全面小康的标志之一。文化民生成为现代化进程中不可或缺的重要部分。北京东城，以文化赋彩生活，资源丰富的公共文化服务，让京城百姓在家门口邂逅传统与潮流相交织的新文化。

位于东城区青年湖南街的阅想书店，前身是1986年由化工出版社建立的化工书店，在2020年完成全面升级转型。由于周围都是老旧小区，还有几所学校，阅想书店成为一家面向居民的社区书店。阅想书店每周都会举行故事会。故事会不仅免费，而且讲解生动，每次都座无虚席。

T | 东城以文化展示形象 赋彩生活

T | 青年湖南街的阅想书店

李艳博，北京化工出版社生活分社营销经理。每周她都会利用周末休息时间来阅想书店给孩子们讲故事。她表示，孩子们因为对故事感受得好，自然而然会觉得绘本非常有意思，然后自己会去读绘本，在这个过程中让孩子多接触阅读，从而引导孩子喜欢上阅读。

阅想书店店长王向民谈到，阅想书店重新从专业书店转型为社区书店，以便希望服务更多的读者。阅想书店不是网红书店，对它的定位更多是集社、馆、店三位于一体的阅读体

T | 东城致力于构建阅读文化生态圈

验中心。现在，阅想书店很荣幸地被东城区第一图书馆选为分馆，书店将近有5000册图书，可以为周边居民无偿提供借阅服务。

除了亲民的社区书店，东城还汇聚着一批各具特色的书店。从“少儿绘本图书馆”，到商业街上的集纳市集与咖啡馆的艺术书店；从选新书不用付钱、由图书馆买单的精准服务，到数字终端的“24小时无障碍无边界”式阅读。东城，这座“书香之城”正在构建阅读文化生态圈，点亮城市的文化灯塔，为每位读者打造专属的“私人终身书房”。

东城区，获得了“国家公共文化服务体系示范区”荣誉称号，形成覆盖均匀、便捷高效的“十分钟文化圈”，东城创办的“大戏东望”“故宫以东”等多个文化品牌大放异彩，更率先引入公共文化设施社会化、专业化运营，打造文化服务新场景。

书香之城、戏剧之城、博物馆之城、非遗之城、中医药文化之城，多样的文化元素散发着东城这座文化之城的生命力和创造力，也必将引领东城创造新的城市文明。

以文化助力发展

文化，看似无形，它是东城区的核心竞争力；文化，实则有序，它是古都北京的发展主脉。东城，以文化助力发展，持续做好“文化 +”文章，推动文化与金融、文化与科技等互联、

T | 以文化助力发展

T | 科林大厦内景

T | 文创银行助力文化科技企业

互补、互融、互促。

位于东四北大街科林大厦的天禹文化集团有限公司，是一家在东城土生土长的企业，常年专注于博物馆的布展业务。

天禹文化集团有限公司党委书记魏永旺认为，东城是做文

T | 北京文化产业投资指南

创的最好的一片热土。20 年来，天禹文化集团有限公司做了 200 多个博物馆的相关项目，有故宫项目、国家博物馆项目、首都博物馆项目等。前几年，企业每年产值为 2 亿元到 3 亿元左右，今年已经达到 6 亿元。

新型文化产业的发展离不开资金的支持。2017 年，东城区开始探索文化加金融的创新融合，推进文创板、文创银行等重要项目落地，打造全国文化金融的新品牌、新地标。

坐落在北二环雍和宫歌华大厦的北京银行雍和文创支行，是东城区与金融机构合作创办的一家特殊银行，是专门为文化企业提供贷款服务的专营银行。据北京银行雍和文创支行副行长崔闻达介绍，北京银行针对东城区“文菁计划”专属定制

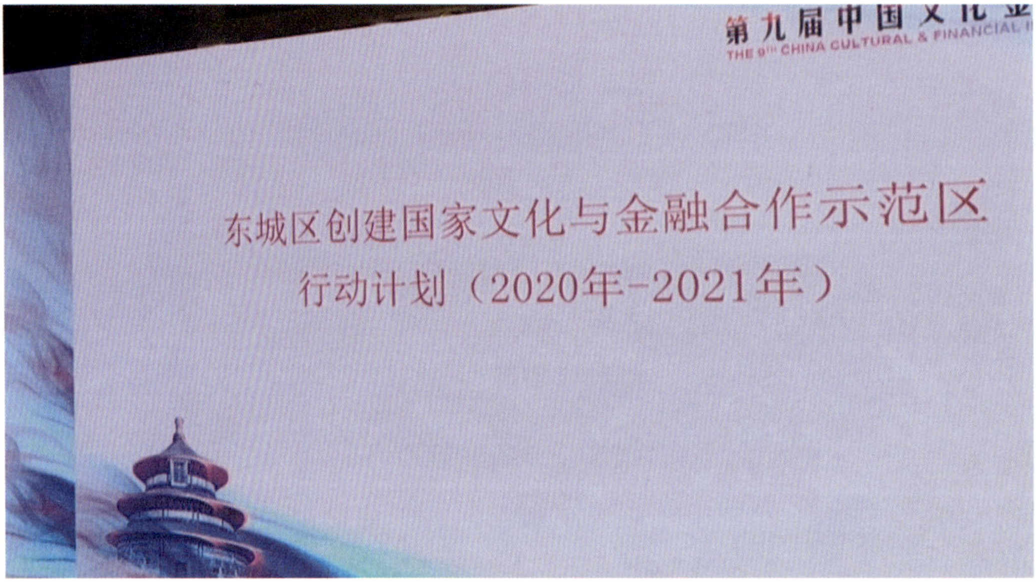

T | 东城区创建国家文化与金融合作示范区行动计划（2020 年 -2021 年）

“文菁贷”系列产品服务方案，对符合条件的文菁企业给予最高 1 亿元授信。截至目前，北京银行雍和文创支行累计为 160 家文化企业发放贷款 30 多亿元。

文创支行的出现，为很多文化科技企业提供了关键助力。魏永旺提及，企业在资金周转有困难的时候，曾向雍和文创支行提出贷款申请，银行及时地解决了企业资金周转不足的问题，批办的时间较快，程序有所简化。从一定意义上来讲，雍和文创支行对中小微企业来说是“及时雨”。

2019 年 12 月 6 日，东城区获文化和旅游部、中国人民银行、财政部正式批准，创建国家文化与金融合作示范区。东城区启动优质文化企业专项扶持的“文菁计划”，设立奖励资金和企业风险补偿金等“资金池”，更在疫情期间为中小微文化企业减免房租。近年来，“文菁贷”“文创贷”“英才贷”等支持文化科技企业的特色产品，“文创保”“票房保”“税易保”等文化科技资金担保，更为东城的文化企业提供了稳定可靠的投资环境。

在北京，将文化产业作为战略性支柱产业，已经成为经济实现高质量发展的重要内生动力。东城区以金融赋能文化，以文化激活金融，不断激发文化创新活力，打造文化与金融发展新高地。

以文化展示形象

一个民族有民族精神，一座城市同样有城市精神。城市精神彰显着一个城市的特色风貌。北京东城，以文化展示形象打开文化之窗，用优秀的文化展现东城魅力。

2021 年 3 月 25 日下午，“文化强国”光明日报协同推广平台北京东城工作站揭牌，北京东城工作站成为这一平台在首都的首个站点。

董城，生在东城，长在东城，工作在东城。作为《光明日报》驻北京记者，他采访的足迹几乎遍布东城区各条胡同和大街小巷。董城以记者的眼光，敏锐地发现文化已融入东城的方方面面。一条胡同、一所学校，文化氛围随处可见。有一次，董城专门来到北京一中采访同学们开办的文创展。同学们向董城介绍，文创展的书签以红色文化为主题，书签上画有天

T | 北京市第一中学

T | 文创展书签展示

安门、北大红楼、人民英雄纪念碑，还有李大钊故居和《新青年》编辑部，等等，这些都是东城红色文化遗产。

东城的文化是浸润在方方面面的，比如有一所学校排的话剧，就和东城的文化地标之一——北京人民艺术剧院有着千丝万缕的联系。去年，北京五中教育集团和北京人民艺术剧院签订了戏剧教育共同体联盟，人艺定期给学校的学生做有关戏剧教育的指导。

在董城采访过的众多人物里面，有一位民警让他印象深刻，这位民警就是李劲松。李劲松，北京市公安局东城分局安定门派出所民警，从小喜爱画画。2016 年参与“开墙打洞”治理工作期间，李劲松画了 20 多幅展示胡同变迁的作品，以此记录背街小巷治理的过程。

T | 李劲松绘画作品

T | 文化引领城市发展

董城谈到李劲松时说，这样一位看似和文化离得有点儿远的基层老民警，他身上体现出的文化特质、工作方法，深深印证着东城区崇文争先理念在基层的火热实践。崇文争先就个人理解而言，实际上是找到了推动高质量发展和民生获得之间的最大公约数。

东城以“文在城中”润民生、“以文化城”解难题、“文城一体”绘明天，东城全力打造“文化东城”，创建首善之区，建立“文化自信”。

捌

民心所向

百年风雨兼程，
百年沧桑巨变。
东城为人民谋幸福，奋斗不忘初心。服务最后一公里，让百姓生活在花园里。为正义提速，为市民解忧。

风雨苍黄百年路，就是一部为人民谋幸福的历史。十九大报告提出：要坚持在发展中保障和改善民生，在幼有所育、学有所教、劳有所得、病有所医、老有所养、住有所居、弱有所

扶上不断取得新进展，这是党对人民的又一次庄严承诺。作为大国都城的北京，在“七有”的基础上进一步提出“五性”，千年古都的核心区东城，以“民心”为标尺，全心全意为群众办

实事、做好事、解难事。

2021 年 5 月末，商务部等 12 部门发布《关于推进城市一刻钟便民生活圈建设的意见》，在东城，“一刻钟便民生活圈”早在 2017 年前就开始酝酿落实。

“一刻钟便民生活圈”：粮店变身居民服务综合体

东城区悠惠万家大佛寺店成立于 1982 年，改造前为同日升粮行大佛寺店，是一家国营粮行。如今，这里成了便民服务站。

T | 推进城市一刻钟便民生活圈建设

老北京地道麻酱 二八酱

金灿灿的黄金米、五颜六色的水果粥米、市场上难得一见的青稞面，悠惠万家大佛寺店改造升级后，店内米面杂粮从原来的70多种增加到了140多种，以满足不同消费者的需求。

二八酱是老北京特有的味道，时至今日，很多地方都见不着这种老风味了，许多老北京人便特意跑到悠惠万家大佛寺店来寻找这熟悉的老味道。悠惠万家大佛寺店同日升店经理李保金介绍，二八酱的主要配料80%是花生酱，20%是芝麻酱，老百姓都吃惯了，平时家里烙花卷、烧饼全用二八酱。

T | 悠惠万家大佛寺店

T | 悠惠万家大佛寺店内琳琅满目的商品

东城区商务局社区商业科科长贾登文表示，今后还将继续建设、提升各类便民商业网点 20 个以上，借有限的空间集成发展，促进各类优质品牌聚集在一起，打造便民综合体，为居民提供多样化的日常生活服务。

老城胡同密布，人口密集，东城见缝插针，建立起一个个“一刻钟便民生活圈”，为百姓提供一站式购物服务。除了商业网点，还因地制宜设置公共服务点，服务群众“最后一公里”。这种为民所想的细致让百姓的便利近在咫尺，幸福感满满。

百姓身边“微花园”：胡同兴起生活美学

人们对生活的需求不只是柴米油盐，更有鸟语花香。北京东城要建成文化魅力彰显和人居环境一流的首都功能核心区，

T | 东城区胡同一瞥

T | 赏心悦目的“微花园”

在落实北京核心区控规的过程中，东城率先引入“街道责任规划师”制度，邀请规划专家、建筑设计专家与百姓一起，为老城保护出谋划策。

侯晓蕾，中央美术学院建筑系教授。从 2013 年起，侯晓蕾师生团队就深耕于史家社区，探索可持续社区营造，带领居民参与建设身边的“微花园”。

2019 年 4 月，侯晓蕾师生团队开始对史家胡同中居民自愿报名的 6 所院落进行改造。经过和居民的商讨，团队着手进行设计，使得原本杂乱无章的小花坛变身为独具特色的“微花园”。

史家胡同居民宗阿姨家就是其中的一户。侯晓蕾与宗阿姨沟通设计需求，对微花园再进一步做更新。在了解到宗阿姨想要栽种月季的需求后，侯晓蕾提出“微花园”可以增加低矮的月季品种的方案，配合一些高的蔷薇，形成层次。宗阿姨对建成的“微花园”赞不绝口。

T | 史家胡同居民宗阿姨

为了加强“微花园”项目的示范性、可复制性，侯晓蕾团队提出了低成本、旧物利用的“减法”改造原则，把酱菜罐子、旧电饭煲内胆等杂物变废为宝种起了花，将市井生活和艺术美学完美结合，营造出一种“花枝半倚墙，园畦多种瓜”的闲适生活场景。

侯晓蕾对于“微花园”有自己的理解，她希望它是一个渐进式的、尊重老百姓自发种植习惯的、能够跟老百姓一起参与的设计，并在此基础上做微更新。侯晓蕾认为，如果把点状的“微花园”集结起来，慢慢地就会形成整体的影响。对老城而言，“微花园”不仅对一处环境起到直接的促进作用，而且对整个老城居民的环境和生活方式也是一种提升。

2020年，“胡同微花园”荣获国际园林建筑师联合会（IFLA）社区景观更新与公共健康类别卓越奖。

今年5月，东城区启动“微花园2.0”项目，在新鲜胡同71号打造了一个“微花园”示范中心，辐射带动落地N个高品质“微花园”落地样板，激发起更多百姓的参与热情，大家联手打造“处处都有微花园”的绿色街区。

持续提升胡同与院落的宜居性，探索出一条具有创新性的、适合历史文化街区的独特“增绿”之路，东城区下功夫留住老城文化，让老街小巷更有“北京魂儿”，让老城百姓的生活更有滋有味。

下 | “微花园”景观

优化布局，助推冰雪运动发展

从 2008 年北京奥运会到 2022 年北京冬奥会，北京这座“双奥之城”在传承奥林匹克精神的同时，也在不断丰富群众体育健身形式的多样性。

在 2018 年 11 月举办的北京市第一届冬运会上，东城区获得团体总分和团奖牌总数两个第一，而东城短道速滑队队员王森威作为短道速滑组别里年纪最小的运动员，获得全能排名第一名。

今年 13 岁的王森威，从 5 岁半开始就学习轮滑。王森威的偶像是武大靖，他梦想着有一天能像武大靖一样站上最高

T | 2022 年北京冬奥会 LOGO

T | 东城短道速滑队队员王森威

T | 东城区冰上运动场馆内景

领奖台。王森威的梦想之路，依靠的是众多东城人的努力。随着 2022 年北京冬奥会临近，东城区响应国家“三亿人上冰雪”的号召，不断完善广大市民对于冰上运动公共设施的需

T | 模拟滑雪馆

T | 冰壶运动

求。为推动冰雪运动加速发展，7 年间，东城区的冰上运动场馆从原来的 2 处变成了 13 处。

地坛滑冰馆馆长陈琳谈到，东城区的地坛滑冰馆是唯一一座室内速滑场馆。它是一座真冰场馆，这在全市来说很难得。整个冰面总面积 2000 平方米，冰面的温度恒定在 −1.6 度到 −3 度之间，以保证速滑运动员有良好的冰雪训练环境。

近年来，东城区利用腾退整合场地资源和空间，改建了多处冰上运动场地，将天坛体育活动中心现有的露天篮球场改建为滑雪训练场，场内放置四台全球最先进的模拟滑雪器，模拟滑雪器有 11 米长、6 米宽，让滑雪爱好者一年四季都能在京城享受滑雪的乐趣。

天坛滑雪训练场的一名学员表示，滑雪训练基地离家近，非常方便。训练基地的设施非常先进，可以让自己和其他学员有更好的滑雪体验。同时，基地可模拟真雪的质地，对自身在训练方面也有更好的帮助。

北京地坛体育中心地下跑廊因地制宜，改建成冰壶运动项目场地。东城区体育局副局长迟进东介绍，三块奥运标准冰壶场地由地下废弃通道改建而成，类似的冰壶场地在东城区辖区内多达 13 处。从 2014 年到现在，东城区冰场面积增加了 64%，增加的比例居全市之首。现在，东城区辖区内冰雪场地总面积多达 3.3 万平方米。

通过增加室内冰雪场地，有效解决了城中心百姓“上冰难、练雪难”的问题，同时，也为青少年竞技训练提供了更好的保障。自 2018 年以来，东城区累计有近 16 万人次青少年投入到冰雪运动中，畅享冰雪运动的魅力。

东城积极响应“体育强国”的指示精神，创建国家全民运动健身模范区，建设多类型的体育场地，增加百姓身边的运动指导，丰富群众的健身活动，增强“多样性”的体育项目，

T | 丰富多彩的休闲运动

不断拓展体育健身的公共产品和服务供给，让东城人均体育场地面积达到 2.25 平方米，让东城人过上更健康、更快乐的运动生活。

“一站式”解纠纷的东城模式

民心所望，施政所向。老百姓关心什么、期盼什么，工作就要抓住什么、推进什么，这一直是东城区工作的重心。党的十九大报告指出，人民美好生活需要日益广泛，不仅对物质文化生活提出了更高要求，而且在民主、法治、公平、正义、安全、环境等方面的要求日益增长。

T | 东四司法所“诉前调解对接工作站”

东城司法机构

东城区坚持从最基层做起，以法治守护百姓心中的“公正性”。为了让百姓在家门口就能享受便捷、高效、零成本的调解服务，2018 年，东城区司法局和东城区人民法院积极探索“一站式”社会矛盾多元化解新机制，联合设立“诉前调解对接工作站”，并建立“人民调解员 + 司法助理员 + 法官”三联动的一站式调解新模式。东四街道办事处司法所所长王永恒表示，今年是“诉前调解对接工作站”设立的第 3 年，到目前为止，工作站已调解将近 800 起案件，调解效果非常显著，现在的老百姓比较愿意和支持参与调解。

2019年3月，东城区成为北京首个在街道、社区可以做司法确认的行政区，原来的百姓“多跑腿”变成了如今的法官“多跑腿”。

冯晓光，东城区人民法院法官，被大家亲切地称为“背包法官”。作为东城法院立案厅诉讼服务中心审判员，冯晓光最早进行诉调对接工作的时候，法院并没有那么多的国徽。诉调对接、现场开庭需要有仪式感，需要悬挂国徽，区人民法院就要求工作人员外出工作时背着国徽到现场。现在，东城区每一个调解站都有了国徽，就连四合院里出现临时法庭也成为常态。

T | 东城法院“和立方”工作站

T | 司法机构内部

冯晓光谈到，对老百姓来讲，他们并不愿意到法院去打官司，而是希望能够通过在家门口协商的方式得到解决，希望省时、省钱、省力地一次性化解矛盾纠纷。

东城区司法局局长贾红梅表示，将更多的法治力量向源头端去整合、下沉，通过源头的整合治理，能够提高社会的稳定性，更多地帮助老百姓解决疑难事和复杂矛盾。

为正义提速，为百姓解忧，让人民在家门口感受到“公正性”的同时，东城把“为人民服务”放在首位，真正做到了执政为民。

"小守望"铸就"大平安"

在东城，还有这样一群人让百姓"安心"，他们就是"守望岗"的志愿者。

T | 治安志愿者

T | 干净整洁的胡同小巷

习近平总书记曾提出，志愿服务是社会文明进步的重要标志。有志愿者的地方，就有文明在闪光。党的十八大以来，北京有 65 万治安志愿者守护着这座都城，增添着时代的温度。

2005 年，为了保证东华门街道韶九社区的一方平安，社区党委会同社区综治委在社区成立“关门队”，并设立了治安志愿者岗位——“关门员”。每晚 10 点以后，当夜深人静，家家户户开始进入梦乡之际，东华门街道韶九社区的“关门员”们走出家门，开始对社区 14 个居民院进行巡查。有突发情况和其他情况都会及时上报。

关一天门不难，难的是这十几年的坚守。“关门员”从最初的 2 人发展壮大成为 26 人的团队，这其中，有很多是退休的老党员，他们觉得要为社区治安工作做些贡献，体现党员自身的价值。

在东城，几乎每一个街道、社区都活跃着一群治安志愿者。张秀琴，北新桥“板桥卫士”志愿团队带头人，她介绍道，每个院都有责任人，每个人都是值班巡逻的志愿者，不管有什么突发事件发生，志愿者都要知道。

清扫胡同卫生、为年迈的居民义务剪发、给居民量血压，越来越多的人加入到板桥卫士的队伍中。他们日复一日地做着看似寻常的细微小事，但正是这种持之以恒的忘我服务，让他们成为家园的守卫者。

在东城，全区有 6.9 万名治安志愿者在 2288 个守望岗位上守护着社区的治安环境，他们让百姓安居乐业，他们用无私奉献为社会注入暖流。

欲谋百年计，放眼千万里。民生所指，民心所向。东城，以心系人民的深厚情怀，造福人民的责任担当，谱写高质量发展新篇章。

T | 板桥卫士风采

玖

绿水蓝天

百年风雨兼程，百年沧桑巨变。东城，将绿化、美化生态工作向居民身边纵深推进，兼顾生态效益、经济效益和社会效益，普惠共享，成效显著。

生态文明建设，事关“两个一百年”奋斗目标的实现和中华民族永续发展。党的十八大以来，中国全面加强生态文明建设，开展了一系列根本性、开创性、长远性工作。习近平总书记强调：环境就是民生，青山就是美丽，蓝天也是幸福。作为

五次蝉联“全国文明城区”殊荣的东城区，始终把环境治理作为最重要的责任担当，下足“绣花”功夫，做好“文明”文章，誓把东城建设成“天蓝、水清、土净、地绿”，舒朗庄重、蓝绿环抱的宜居城区。

以绿惠民，不断提升

“绿水青山就是金山银山”。十八大以来，习近平总书记更是多次提出要在“护蓝”“增绿”上下大功夫。《首都功能核心区控制性详细规划（街区层面）（2018 年—2035 年）》中提出了“韧性城市”的理念，让整座城市留白增绿。东城区近年来启动

T | 绿意盎然的生态环境

T | 居民王铁成大爷和外孙女

一系列措施，为胡同院落增添绿色。

天棚鱼缸石榴树，曾是北京四合院和谐别致的风景，是老北京人理想的生活状态，如今的胡同居民依然在花盆里种植着梦想。在东城居住了 70 多年的王铁成大爷一直有一个愿望，就是能在院子里种些绿植，给院子增添一份生机。2021 年，东城区启动了“一院一树”项目。区园林绿化局工作人员针对王大爷所居住院落情况，挑选了树冠不是特别大的樱桃树，不会与房屋发生冲突，不会因为根系大而破坏房子的房基。王大爷由衷地感慨，有了这棵樱桃树，小院子比以前好看多了，也希望这棵樱桃树能够陪伴自己的小外孙女一起成长。

生态复兴的变奏不止在于一个个院落，更在于整体的风貌。从 2012 年开始，东城的街巷角落每年都会冒出新的公园绿地，大大小小的街心公园、口袋公园错落有致，既增加了绿色空间，又提升了城市景观。

从 2020 年起，一项崭新的绿色城市规划，更是实现了让绿荫从点到线。平安大街道路中央增设 3 米宽的绿化隔离带，道路两侧增加绿植，平安大街被改造成绿色生态的林荫大道，成为东城为古都增色的浓墨重彩的一笔。

中央分隔带选择的是北京的乡土树种，也是北京市市树——国槐。中央分隔带的国槐和道路两侧的国槐交相呼应，将形成一个绿色生态的林荫大道。绿化带下层栽种市花月季、

T | 公园绿地，风光秀美

T | 绿化隔离带（修建中）

海棠以及其他时令花卉，丰富植物季相变化、延长花期。中央分隔带栽种的树分支点都在 2.5 米以上，基本满足了一般轿车的视觉高度，不会影响道路的行车。道路林荫绿化的同时，充分彰显“慢行优先、公交优先”的绿色交通理念。

从一朵花、一棵树，到一条绿荫带、一座城市公园，留白增绿为城市增添了畅想的空间，口袋公园成为市民游乐休憩的新景观。

在寸土寸金的北京二环内，2021 年，占地近 40 公顷的龙潭中湖公园改造完成，利用原有的陆形水系，深入挖掘地域历史文化和原北京游乐园的印记，这片北京核心区的生态绿肺将

T | 龙潭中湖公园

打造“三环十二景，锦绣筑龙潭”的景观格局，为百姓创造一处自然宁静、生态野趣、充满城市记忆的绿色休闲空间，兼具休憩、健身、娱乐、科普教育四大功能的区域性城市综合性公园将给人耳目一新之感。

龙潭中湖公园，只是近年来东城区生态文明建设的一个缩影。在东城，“十三五”以来，绿地面积增加 18.09 公顷，绿化覆盖率增加 2.67 个百分点，公共绿地 500 米服务半径覆盖率达到 93%，完成 5 处大尺度公园建设和 40 余个口袋公园建设。从南至北，中轴线沿线的开放式城市公园，环二环滨河公园等形成的城市绿廊，已经让整个东城绿意盎然，生机无限。曾经老北京的代表是红墙灰瓦，如今东城让繁花绿荫成为大国首都的亮丽底色。

精细管理，扬尘管控

“十三五”以来，北京以强有力的措施和力度治理大气污染，空气质量改善取得历史性突破。2020 年，北京对核心城区

T | 东城绿化

T | 防治大气污染　守护蓝天白云

提出了创建城市精细化治理示范区的更高要求。东城区深化大气污染防治“一微克”行动，抓好源头防控，精准施策，把改善空气质量落实到区域内每一平方米的有效管理中。

2018 年，东城区开展大气污染防治精细化管理，从扬尘管控抓起，背街小巷、胡同的人工清扫保洁都改为了机械吸尘、清扫、冲刷，大大提升了道路的清扫保洁效果，但是检测数据却迟迟降不下来。

东城区随即开始对胡同平房屋顶进行清扫除尘。工作人员

先喷水，再清扫，有效避免清扫过程中形成扬尘，针对重点区域的屋顶，还会适当喷洒一些抑尘剂，使房顶尘土不易堆积，

T | 胡同平房屋顶

T | 环卫工人作业

正是这种细致入微的工作精神、不放过任何一个细节的工作态度，让老城告别了灰尘飞扬、浮土乱飘的往昔景象。

为了减少空气中降尘，东城区针对不同区域设计精细化方案，以微克为单位开展除尘行动。工作人员发现，道路两侧车位下方的地面很容易成为清扫的死角。为了进一步达到无缝化、精细化、全覆盖的除尘效果，尽可能减少路面沥青颗粒间残存的尘土，环卫工人开始实行“盯梢”清扫。每条街都安排了专门的巡视人员，发现长期停放的车一挪走，马上安排水车进行冲刷。在车辆驶离车位后的最短时间内，对路面进行冲刷，并且不留积水，确保道路保洁符合环保要求。

科学管控，细化监测

为打赢北京的蓝天保卫战，东城区建立起一整套大气监测网络，提供实时的、精细化的检测报告，随时掌握动态的空气数据。

东城区一共有177个社区，每个社区都安装了一台小型监测设备，这些设备构成了东城区的大气颗粒物监测网络。小型监测设备的分辨率半径是500米乘500米，监测PM2.5和TXP两个项目。东城区共建立了228个监测站，从胡同、社区，到施工工地，甚至包括城市道路空间，都真正做到了全方位覆盖。

东城区的每个社区都建立了一个小型的大气监测站点，每个监测站点主要监测粗颗粒物和细颗粒物，还有可吸入颗粒

T | 国家环境空气自动监测网北京东四站

东四社区大气监测设备

物。PM2.5 在 35 微克 / 立方米以下是优的标准，会显示为绿色，随着颜色逐渐加深，工作人员 1 小时内就能够很快发现哪里的数值异常偏高，会更加注意数值异常偏高区域。

大气监测站

流动大气监测车

综合执法，美化环境

东城区建立了高排放车辆识别系统，通过实时监控，随时掌握各类车辆在区内的动态情况。

东城区还率先采用流动监测的工作模式，配备了 24 小时巡查的流动大气监测车。流动大气监测车每半分钟采集一组数据，把所有行驶过程中采集的数据都存储到后台的监测设备中，确保如果有数据异常，能够第一时间进行检查。

T | 高排放车辆识别系统

东城区餐饮业一隅

科技手段，助力减排

为了实施绿色北京战略，东城打好污染防治攻坚战，推动PM2.5和臭氧污染协同治理，调整能源结构，促进碳排放稳中有降，并且充分运用科技手段，助力环境治理能力的有效提升。

东城区还制定锅炉低氮改造方案，共完成锅炉低氮改造2200余台，成立餐饮业大气污染防治工作专班，共完成改造2400余家。

源头抓起，提升水质

水是一座城市的生命之源，滋养着这座三千年的古都，促进大美北京的蓬勃发展。

东城区把北起广渠门桥，南至京沪铁路桥的这段 4.2 公里的河道及河岸线治理成了一条多姿多彩的风景线。而对护城河的生态保护，还要从街道社区的一个污水井盖说起。

龙潭街道的宋雅军，是街道小巷管家中的一员。她曾参加对辖区内雨水篦子巡查工作的相关培训。有一次，她发现水篦子周围有条排水管，从这条排水管里流出来的水流特别细，颜

T | 优美水系

T | 东城全力保障河湖生态环境

色有点儿发黑。原来，路边的雨水篦子被人从路面下方埋设了一条污水管道，通向雨水管线。

龙潭街道城市管理办公室工作人员到现场进行仔细查看后，发现雨水篦子里被人私自接了一根雨水管，立即联系相关部门进行了处理。

在东城，生态文明建设深入人心，东便门、文化宫、龙潭湖三个市级考核断面水质全部达标，荣获全国首批“节水型社会建设达标区”称号。

垃圾分类，变废为宝

城市生态环境的治理，不仅要抓管控环节，更要摸索出一条绿色发展之路。

大城市的垃圾处理一直是一个令世界困扰的课题。2020 年 5 月 1 日，新版《北京市生活垃圾管理条例》正式实施，提出厨余垃圾源头就地处理。东城区在垃圾处理上，先行先试。东城区北新桥街道的民安社区，空地上的绿植为这里增添了勃勃生机。

T | 东城积极推进垃圾分类工作

T | 居民在绿厨小屋前

刘景明，是民安社区的老居民，他种下的一株葡萄树显得尤为特别。刘景明的这棵葡萄树属于酿酒品种，比较娇贵，刚种下的时候蔫头耷脑，奄奄一息，一包“神奇”的肥料让葡萄树起死回生。

救活了葡萄树的肥料，来自民安社区的绿厨小屋。通过绿厨小屋，厨余垃圾可以变废为宝。

北新桥街道民安社区党委书记郝宏芳介绍说，绿厨小屋建立于 2012 年 8 月，目的是把垃圾资源就地处理，这样可以减少运输过程中的人力、物力成本，而且也减少对环境的影响。

绿厨小屋的这台设备通过酵素粉高温发酵，每天最多能够处理 100 公斤的厨余垃圾，按照 10% 的产出率，每天能产出 10 公斤的有机肥，分发给居民使用。这种厨余垃圾产出的肥料不仅环保，而且效果得到了居民们的肯定，一传十，十传百，绿厨小屋肥料的名气越来越大，引得其他社区的居民也慕名而来。大家垃圾分类意识有所提高。

T | 东城致力于为居民打造优良生态环境

生态文明建设，关系人民福祉，关乎民族未来。东城区用智慧，用恒心，用精细化管理和踏实的实干精神，努力建设一个舒朗庄重、蓝绿环抱的文化名城，描画一幅和谐宁静、雅韵东方的人居画卷，让首都成为一座人人向往的生态文明之城。

拾

阔步前行

百年风雨兼程，百年沧桑巨变。东城，以百姓需求为导向，以“崇文争先”为理念，实现街区更新、老城复兴、民生改善，谱写奋进的新时代篇章。

党的十八大以来，习近平总书记多次对北京工作作出重要指示，深刻阐述了“建设一个什么样的首都，怎样建设首都”这个的重大时代课题。首都北京是全国政治中心，东城作为首

都核心区胸怀两个大局，以首都发展为统领，立足首都核心区功能定位，以百姓的心为心，凭扎实成效取信于民，汇智慧之力谱写新篇，以豪迈之姿阔步前行。

老城复兴之路，老胡同居民的现代生活

千年古都北京，文化资源丰富，历史底蕴深厚，东城区南锣鼓巷历史文化街区完整保存了元大都时期“鱼骨状”的胡同肌理，这是老城的根系。2014 年 2 月 25 日，习近平总书记来到南锣鼓巷“看望老街坊”，他先后走进雨儿胡同 29 号、30 号大杂院。

如何能让老胡同里的居民过上现代生活是习近平总书记记在心里的民生大事，他对北京历史风貌保护、老城保护和民生改善作出了重要指示。

为保留好胡同特色，遵循“老城不能再拆”的基本原则，东城区按照北京市新总规和核心区控规的要求，坚持保护与发展结合，风貌与民生并重，疏解与提升同步，确定在南锣鼓巷地区福祥、蓑衣、雨儿、帽儿四条胡同试点开展修缮整治项目。

T | 老胡同里的居民生活

老城胡同

雨儿胡同 30 号院

■ | 雨儿胡同

■ | 雨儿人家

在雨儿胡同等四条胡同的修缮整治中，东城区在实践中不断摸索，创新性推出“申请式腾退”和“申请式改善”工作模式，居民既可以选择外迁搬进现代化小区，也可以选择继续留住，“去”和“留”都由居民自己决定。为了改善他们的居住环境，东城区将腾退下来的房屋以公租房的价格租赁给留住居民。

党的十八大、十九大以来，东城区深耕细作提升城市品质，完成 174 条大街、1004 条背街小巷的环境整治提升，雨儿胡同等 7 条胡同被评为“北京最美街巷”，数量居全市之首。

留住老街坊，留住老城的生活方式，使院落重现青砖灰瓦的古朴风貌，静谧、安宁的胡同“慢生活”开始重新回归，一项项老城改造行动在东城一步步深入实施。胡同街巷的改造重塑，不仅留住了古都风韵，还改善了民生，提升了百姓的幸福感。

“大市银街 慢街素院”古韵重现

从一个小家到一座大城，东城区落实北京市总规、核心区控规，通过街区更新，让古今辉映、礼乐交融的千年古都光彩重现，古韵绵长。

崇雍大街，是一条有着 700 多年历史的老街，从元代开始就是北京城重要的南北通衢，承载着北京老城历史文化的深厚底蕴。

曾几何时，这里成了看不到文化的文化街，风貌杂乱，电箱、电线杆林立，人行道和车道拥挤不堪，古都风韵荡然无存。东城区决心通过改造，让崇雍大街重现“文风京韵 大市银街”的文化味道。

崇雍大街建筑设计师孙书同说，在大街修缮的过程中，通过给门脸做“卸妆”，发现并抢救性修缮了20余处历史建筑。

T | 崇雍大街建筑设计师孙书同

崇雍客厅

街区更新是老城保护与复兴的关键环节，东城区秉承“修旧如旧”的复建原则，尽可能回收利用老的砖瓦材料，重新打磨加工再利用，在雍和宫大街二期工程中，回收利用了86万块旧砖、14万块旧瓦，旧材料利用率达到了80%。“慢街素院”的崇雍大街京韵重生，尽显新时代传统京味。

近年来，东城区实现了南中轴御道全线贯通，启动东四三条至八条、鲜鱼口等6片历史精华区建设，前门三里河重现“水穿街巷”历史景观，前门草场三条至十条精彩亮相。

2021 年，崇雍大街进行深度绿化改造，步入式口袋公园、花坛花箱装饰起了整条长街。城市的规划升级，更需要百姓的共同参与。

T | 崇雍大街绿化改造

T | “古槐居”花友会

2017 年成立的社区自治组织“古槐居”花友会，以花会友，集结社区里小巷管家等志愿者的力量，共同为社区的美化做贡献。

金大钧，是东四二条社区的小巷管家，他和“古槐居”花友会的花友们一起，协助商户养护花箱。据他介绍，现在东四二条社区有 157 个花箱，8 个花廊 、花架，286 棵槐树，141 个树池。

为每一个花箱、花架编上号，由花友会会员专人认领、专人养护，胡同里多了一个个微花园，认养花箱事虽小，体现的却是胡同精细化管理的大智慧。

在东城，小巷管家成为基层治理中重要的一环，大家不再关着门过自家日子，越来越多的人主动加入到志愿者队伍中来。小巷管家们擦亮了街区底色，他们心里装的是街坊四邻家中事，守的是街头巷尾邻里情。管好小巷最后一百米，小巷管家成了胡同居民的“大家长”。

T | 小巷管家风采

T | 东四二条社区的小巷管家 金大钧

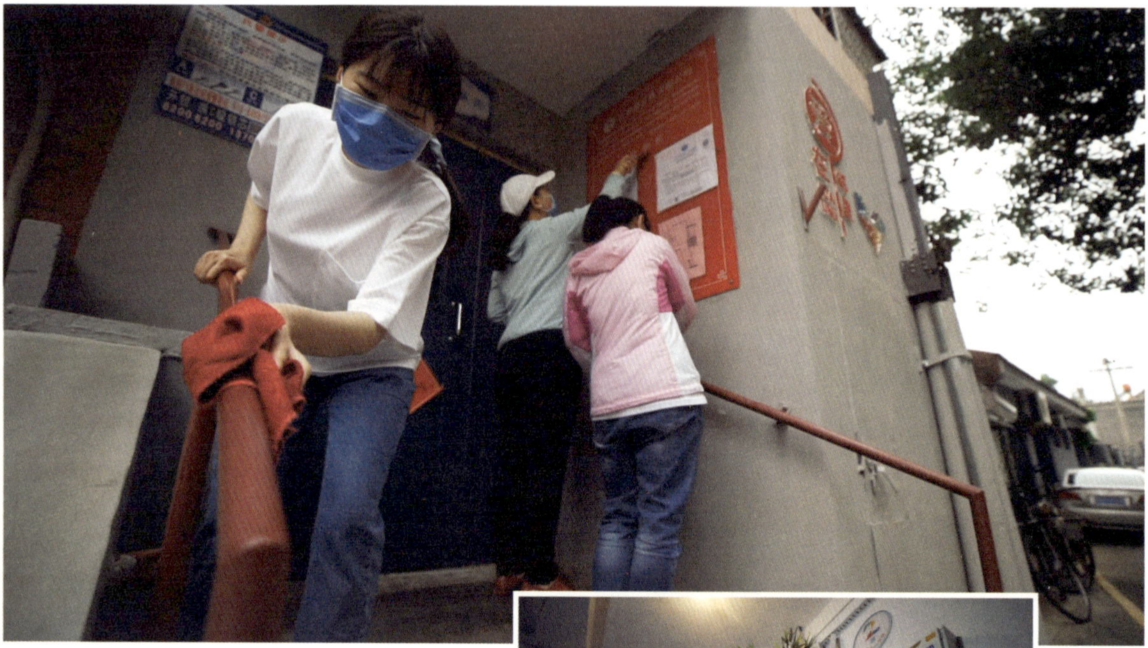

东城社工用心用情融入社区

小羊宜宾 4 号楼楼门、楼道美化

东城社工，社区事儿都是自家事

东城社工，是东城区推进精治、共治、法治过程中形成的新时代社会治理的又一创新品牌，他们是老城更新、基层社会治理的中坚力量。用心用情融入社区，东城社工名副其实。

赵家楼社区的东城社工和居民们一起，为小羊宜宾 4 号楼美化楼门、楼道。在社区治理中，楼门、楼道是连接家庭和社区的神经末梢。楼道里的管子不好看，社工和居民自发地用竹子造型的装饰品给包起来，自己的楼门自己管，“自家事”的概念已经深入人心。

但是在几年前，这里完全是另外一番景象，大家对身边的脏、乱、差熟视无睹。赵家楼社区党委书记金坤范说，赵家楼社区只有 0.11 平方公里，地方不大，以老旧小区为主，住户有 2000 多户，有的楼道里贴满了小广告。

T | 赵家楼社区“爱在邻里”LOGO

2019 年，建国门街道工委创新引入非公物业企业资源，成立“党建惠家”项目，以党建为引领，通过“社区 + 非公企业 + 居民”三方联动，党员、社工带头推动项目落实，破解老旧小区治理难题。有了“党建惠家”自治模式，在大家共同参与下，小羊宜宾 4 号楼完全变了个样子——粉刷了楼道，安装了可视门禁，换了窗户，文化志愿者给每一个单元门都设计了不同的 logo。

大羊宜宾胡同 31 号院 1 号楼前的绿地，是社区带领物业把原本堆放杂物的空间整理出来，改造成了居民的共享菜

T | 大羊宜宾胡同 31 号院 1 号楼前居民的共享菜园

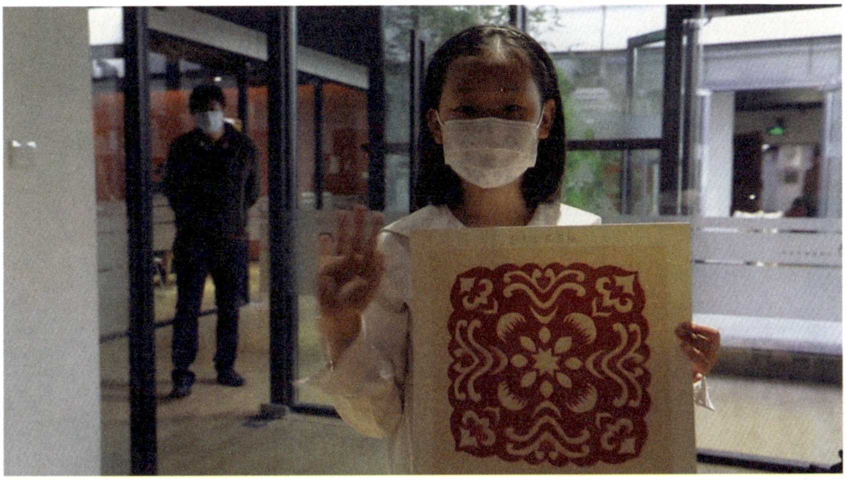

社区居民剪纸作品

园。如今，这片菜园是居民们的“团宠”，谁下楼都要到这里来看一看。

东城凝聚起最强大的基层力量，把精细化治理与满足百姓需求紧密结合，调动起一切力量共同为自己的家园出谋划策，帮助居民解决困扰生活的难题，居民有了实实在在的幸福感，社区共建共治共享的“同心圆”越画越大。

城市精细化管理的“绣花工夫”

设施陈旧、设备老化，住在胡同里的居民最怕家里电灯坏了没人修，水管漏了没人管。

百年老胡同需要的不仅是整洁有序的环境，还需要精细化的专业管理。为了破解难题，东城区从 2016 年开始，引进平房区物业，补齐民生服务“短板”，让百姓事都有人管。

位于前门地区的草厂胡同，是北京城唯一一片南北走向的胡同群，经过街巷整治恢复了历史风貌，环境维护还需要专人来打理。

T | 前门草厂一带胡同物业工作人员

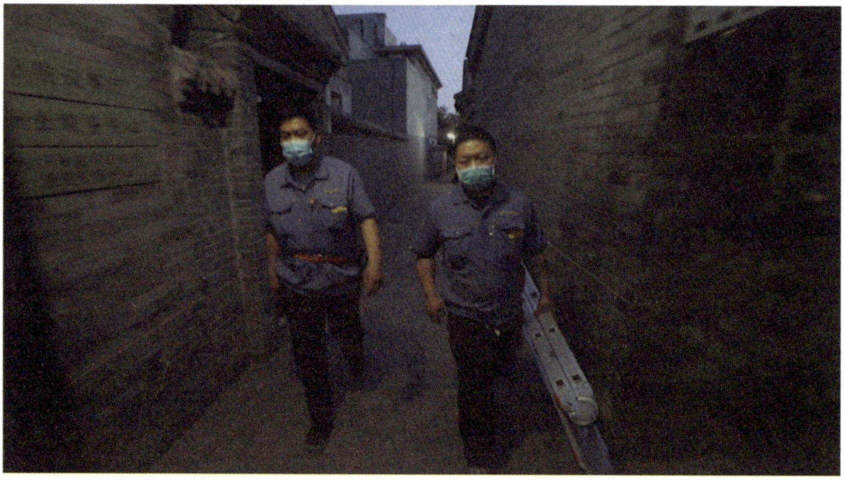

T | 草厂胡同高压水车

为了让石板路能够达到席地而坐的标准，物业工作人员每天都要开着清洗车，认真洗刷胡同的每一个角落。草厂七、八、九条胡同使用的是旧石材铺装，石材上都是沟壑和棱角，一般的清扫车很难清理干净。为了清理这些旧石材，物业专门

T | 物业人员在清理草厂胡同

T | 胡同一角

配备了高压水车，一寸一寸地冲洗路面。

在保护老胡同文化的同时改善居民生活条件和人居环境，把现代生活引入到胡同当中，是近年来北京老城保护复兴的重要途径。为此，东城在实践中不断摸索，创新管理模式，这成为东城解决复杂棘手问题的杀手锏。

2019 年 2 月 1 日上午，习近平总书记来到北京前门东区，沿草厂四条胡同步行察看街巷风貌，走进居民家中了解居民生活情况。他强调，要把老城区改造提升同保护历史遗迹、保存历史文脉统一起来，既要改善人居环境，又要保护历史文化底蕴。习总书记的“让老胡同居民过上现代生活”的嘱托正在东城变成生动的实践。

办好群众身边事

2021 年，习近平总书记在党史学习教育动员大会上指出：要把学习党史同总结经验、观照现实、推动工作结合起来，同解决实际问题结合起来，开展好“我为群众办实事”实践活动。

2021 年，庆祝建党 100 周年，“为群众办实事”在东城区各级党员干部中蔚然成风。

2021 年 5 月，东城区后永康一巷开始进行排污管道的更换。这些管道大多是 20 世纪 70 年代埋设的，管道老化、淤堵严重，街道虽多次疏通，但收效甚微。

情况反映到东城区网格化服务管理中心后，东城区网格化服务管理中心立即启动了响应机制。东城区网格化服务管理中心彭恩强说，网格中心成立的初衷就是把各种政府资源整合在一起，有效地为群众办实事，他们按照派件清单派发问题之后，只要是职责范围内的事情就必须要办，通过“首派责任制”进行强化。

始终把老百姓的事放在心上，所属街道接到派件清单迅速核实。在没有解决问题的具体部门的情况下，街道要发挥兜底的责任。

社区吹哨，街道报道，大家坐在一起共同商议解决方案。马上要到汛期了，污水排不出去大家比较着急。经街道研究，

T | 东城区后永康一巷

T | 东城区网格化服务管理中心

决定使用接诉即办专项经费来解决这个问题。街道会找专业的施工队伍，城建科也会到现场进行监督指导，争取把这个事情办好办彻底。

秉持一定要把居民的烦心事、揪心事变成暖心事的信念，仅仅用了两周的时间，后永康一巷的路面已经恢复了通畅，地下污水管道更换完毕。

从 2004 年开始，东城区率先开展网格化管理的探索，网格化成为基层治理的重要抓手，2020 年办理诉求 15.5 万余件，群众满意度达到 93% 以上。通过大数据分析，聚焦高频地区，总结共性问题，各个街道社区主动谋划，从接诉即办到未诉先办，急百姓之急，真正做到为群众办实事。

进入新时代，东城区扎实推动习近平新时代中国特色社会主义思想在东城形成生动实践。东城区服务保障首都功能更加

T | 北新桥街道前永康社区服务站

T | 后永康一巷污水项目协调会

T | 后永康一巷污水项目施工

有力、京津冀协同更加深化、经济运行步伐更加稳健、城市更新效果更加凸显、城市管理更加高效、“文化东城”品牌更加响亮、人民生活更加幸福美好、对外开放展现更多活力。

东城区将全面贯彻党的十九大和十九届二中、三中、四中、五中、六中全会精神，以习近平新时代中国特色社会主义思想为指导，立足新发展阶段，贯彻新发展理念，融入新发展格局，坚持以首都发展为统领，全面加速“崇文争先”，做实“六字文章”，不断完善“四个服务”，全力打造“五个东城”，推动国际一流和谐宜居的新时代首都核心区建设迈上新台阶。